Shifā' al-ᶜalīl

Ghulām ᶜAlī Āzād Bilgrāmī
(1116–1200 AH / 1704–1786 CE)

Facsimile of MS Dawāwīn 1113
in the Government of Andhra Pradesh
Oriental Manuscripts Library & Research Institute
Hyderabad

Shifā' al-ᶜalīl

Ghulām ᶜAlī Āzād Bilgrāmī
(1116–1200 AH / 1704–1786 CE)

Facsimile of MS Dawāwīn 1113
in the Government of Andhra Pradesh
Oriental Manuscripts Library & Research Institute
Hyderabad

with an Introduction by
Shawkat M. Toorawa

General Editor
Prof. J. Thirumal Rao

GOVERNMENT OF ANDHRA PRADESH
ORIENTAL MANUSCRIPTS LIBRARY & RESEARCH INSTITUTE
HYDERABAD

2007

Shifā' al-ʿalīl

Written by
Ghulam Ali Azad Bilgrami

Edited by
Dr. Shawkat M. Toorawa

First Edition : 2007
No. of Copies : 500
Price : Rs. 75/-
$ 10

Copies can be had from
Director,
A.P. Govt. O.M.L. & R.I.
Behind Police Station.
O.U. Campus,
Hyderabad – 500 007. A.P. India.
Phone : 040-27097709
E-mail : apgoml_director@rediffmail.com

Printed at :
Akruthi Offset Printers,
Hyderabad. Ph: 040-27664525
E-mail : akruthioffset_kiran@yahoo.co.in

CONTENTS

Preface iv

Acknowledgments v

Foreword vi
Professor Jayadhir Thirumal Rao

Introduction vii
Dr Shawkat M. Toorawa

Bibliography xix

Shifā' al-ʿalīl **of Ghulām ʿAlī Āzād Bilgrāmī** **1**
Facsimile of MS Dawāwīn 1113

PREFACE

Shawkat M. Toorawa

Ghulām ʿAlī Āzād Bilgrāmī (1116–1200 AH, 1704–1786 CE) is one of the most significant figures of eighteenth century India, which is saying a great deal considering how momentous that century was. His works in Persian and Arabic are of inestimable value and have been plumbed by scholars and historians ever since they appeared.

Āzād's Persian works have received more scholarly attention than his Arabic works, and Muzaffar Alam and Sanjay Subrahmanyam are certainly right to trace the Mughal political and literary tradition in the mid-seventeenth century and after to a specifically Indo-Persian outlook. The Indo-Arabic tradition is, however, no less significant, as a study of seventeenth, eighteenth and nineteenth century Arabic writings in India reveals.

To be sure, Āzād's skill as a poet, especially as a panegyrist of the Prophet Muḥammad, has long been recognised. And his one critically edited Arabic work, the *Subḥat al-marjān* (The coral rosary), is approvingly cited for its praise of India, for Āzād's knowledge of Indian languages and culture, and for his literary-critical and poetic sensibilities.

The fact remains, however, that Āzād is largely unknown outside India, even among scholars of Arabic. This is due in large part to the fact that Arabist scholarship pays little attention to Arabic literature produced after 1517 and before 1798, and to literature produced outside the Arab heartland. Implicit in this neglect is the notion that non-Arabs' knowledge of Arabic is not up to par. It is hoped that the reproduction of the manuscript of the *Shifāʾ al-ʿalīl* (Remedy for the ailing)—which is to be followed by a critical edition and a fuller bibliography—will give lie to this notion, and also promote scholarship on Āzād and other outstanding Arabic bellettrists of eighteenth and nineteenth century India.

It is a distinct pleasure and honour to have been invited to be part of this project to make available a hitherto underappreciated work of Arabic literature.

ACKNOWLEDGMENTS

It gives me great pleasure to record my gratitude to the following individuals and institutions: Dr D. K. Rana and Dr N. C. Kar, National Manuscript Mission; Dr A. N. Reddy, Dr Unyal, and Dr Syeda Asfia Kauser, Salar Jung Museum; Dr Himanshu Prabha Ray and the Centre for Historical Studies, Jawaharlal Nehru University; Dr Chandan Ray; the Department of Arabic, Jamia Milia Islamia, especially Professor Zubair Ahmed Farooqi; Dr Naseem Akhtar, National Museum; Professor Ismet Mehdi; Raza Bilgrami; Bashir and Najma Currimjee; Mr Kabir Ahmad Khan, Library of the Institute of Islamic Studies, Aligarh Muslim University; Professor A. R. Kidwai; Professor Abdul Bari; Kaukabul Bari; Dr Hasan Abbas; Dr Devin Stewart; Dr Joseph Lowry; Professor Kim Haines-Eitzen and the Department of Near Eastern Studies, Cornell University; the Mellon Foundation; the American Institute of Indian Studies and the National Endowment for the Humanities Fellowship Programs at Independent Research Institutions.

Most of all I should like to express heartfelt thanks to Professor Jayadhir Thirumal Rao and his dedicated staff, especially Dr Rafat Rizwana and K. Shridhar; and also to Dr Rizwanur Rehman, Centre of Arabic and African Studies, Jawaharlal Nehru University, who collegially did much well beyond the call of duty. As always, I thank my family—Parvine, Maryam, Asiya Tanveer Jahan, and Mahmood.

FOREWORD

Professor Jayadhir Thirumal Rao

The Government of Andhra Pradesh Oriental Manuscripts Library and Research Institute is recognised as one of the most important repositories of manuscripts in India. Consequently, scholars from around the world travel to Hyderabad to consult its constituent collections of the Library. Such contact, which we welcome and encourage, rarely results in a collaborative project. It is a source of considerable pride, therefore, that the opportunity presented itself to disseminate one of our manuscripts in collaboration with a visiting scholar, Dr Shawkat M. Toorawa of the Department of Near Eastern Studies at Cornell University and Senior Fellow of the American Institute of Indian Studies.

The manuscript in question is the *Shifā' al-ʿalīl* of Ghulām ʿAlī Āzād Bilgrāmī (d. 1786), a scholar who hailed from Bilgram in the north of India, but who made Hyderabad his home. Āzād is known to scholars of Arabic and Persian literature for his poetry and for his biographical and historical writings. His *Shifā' al-ʿalīl*, a work in which he offers suggestions to improve some of the verses of the tenth-century poet al-Mutanabbī, on the other hand, is not widely known. Since it is both by and about important figures in Arabic literary history, a critical edition of the work is of course highly desirable—indeed, such an edition is in preparation and will, we anticipate, soon see the light of day. In the meantime, however, we wished to provide scholars and posterity with ready access to this important manuscript in a facsimile edition, accompanied by an Introduction situating the work in its literary-historical context.

INTRODUCTION

Shawkat M. Toorawa

... Although it is conceivable that the decline of Arabic literature in what European historians call the 'early modern period' is *more apparent than real, there does appear to have been a decline both in quantity and quality of original writing in that period.* We find *no poet who can bear comparison with Mutanabbi....* The poetry and fiction which was produced in the Ottoman centuries was *mostly conventional and backward-looking* (though there were of course *occasional exceptions*, such as the satirical verse of the seventeenth-century *Egyptian*, al-Shirbini.)

In time, *Arabic literature would revive*. That revival should be seen as *beginning in the late eighteenth century...* (Robert Irwin)[1]

Arabic literature in the so-called 'Age of Decadence'

A persistent category in the study of Arabic literature is the so-called 'period of decadence' (*ʿaṣr al-inḥiṭāṭ*), during which Arabic literature is said to have 'declined' after a golden age.[2] There is no agreement about when it began—with the fall of Baghdad to the (Iranian) Buyids in 945, to the (Turkic) Seljuks in 1055, or to the Mongols in 1258,[3] or from the time of Ottoman dominance in the Middle East. The year 1798, the date of Napoleon's invasion of Egypt, is frequently cited as a convenient marker for the end of the 'decadence,' whereupon European models exerted influence on Arabic literature.[4] By the end of the late nineteenth century, the 'decadence' was over, and a new period was ushered, one of 'awakening' (*al-Nahḍah*).[5]

The theory of the 'decadence,' in its fullest form, is a statement about cultural production in a broad sense. Not only was great literature not being produced according to this theory, but thinking

---

[1] Irwin (1999), 448.

[2] These first three paragraphs are indebted to Stewart (2004), an unpublished position paper based on the deliberations of RRAALL, an academic alliance dedicated to collaborative research in Arabic letters. I am grateful to Professor Stewart for allowing me freely to draw on his characterisations. *Cf.* Toorawa (2008a). (Note: Any views, findings, conclusions, or recommendations do not necessarily reflect those of the National Endowment for the Humanities).

[3] See e.g. Nicholson (1907), 442–70.

[4] See e.g. Moosa (1997).

[5] The literature on the *Nahḍah* is vast. One starting place is Badawi (ed.), *Modern Arabic Literature*.

also stagnated. Typical descriptions of the literature of the period describe it as lacking in original thought, as imitative, derivative, ornate, and focused on the production of commentaries and super-commentaries rather than on producing new and significant work. Implicit is the notion that authors of the classical period had said everything that needed saying, and had said it best; pre-moderns were then left to quibble over inconsequential details, or merely to pass on the Arabo-Islamic cultural patrimony, adding next to nothing of value.[6]

The 'best' Arabic literature, the argument goes, was necessarily written for Arab rulers, whose patronage and discernment, only possible from native speakers, was what assured the quality of literary production. When the rulers in Middle Eastern lands ceased to be Arabs, but instead were Persians, Turks, Mongols, and Kurds, Arabic literature inevitably went into decline. This is also postulated for the modern period so that when Arabs were "freed of the yoke of Turkish domination and, enticed by western European notions of nationalism, awakened to the possibility of self-rule, great Arabic literature could once again come to the fore."[7]

One of the most centripetal of all the forces at play in sustaining the notion of an 'age of decadence' is proprietary views about the Arabic language. A *sine qua non* in all formulations of the 'decadence' is the assumption that Arabic literary output must be in an Arabic recognisable by its adherence to the linguistic and literary norms of the geographical center. As Richard Bulliet has observed (on a different but not unrelated issue), the margins not only help to define the centre, but these margins may themselves turn out to be the centre.[8] Brockelmann recognised the need to acknowledge the geographical (and temporal expanse) of the Arabic and Arabophone world: for the period up to 1258, he divides the material by *literary genre*, but for the periods that come after, he adopts a *regional* breakdown.[9]

Now, it is true that the bulk of primary materials from the period 1500-1800 are in manuscript, a much larger percentage remaining unpublished than is the case for earlier periods. The fact is, the efforts and energies of literary scholars, critics, and historians have hitherto focused almost exclusively on the periods preceding 1517

---

[6] See Stewart (2004), 2–3; *cf.* Saunders (1963).

[7] Stewart (2004), 2.

[8] See Bulliet (1994).

[9] "Egypt and Syria; Iraq and Jazira, Bahrayn; North Arabia, South Arabia; Oman, East Africa and Abyssinia; Iran and Turan; India; the Malay Archipelago; Turkey and the Ottoman Empire, Rumelia and Anatolia; North Africa, Maghrib; Spain; Sudan." See *GAL, passim*.

(and even then, mainly before 1258), such that entire centuries remain poorly understood, and entire regions ignored. In recent decades, some important steps have been taken to fill some small portions of this gaping hole in Arabic literary history. Works have been published on Arabic literature of the Ottoman period, e.g. *Tārīkh al-adab al-ʿArabī: al-ʿaṣr al-ʿUthmānī* (History of Arabic Literature: The Ottoman Period).[10] For Africa, there is the magisterial project, *Arabic literature of Africa,* comprising four volumes so far, with two more volumes in production.[11] Precious few scholars, however, have taken up the topic of the 'decadence' directly and forcefully. This is even true of those who have signaled the lacuna, e.g. the contributors to *Arabic Literature in the Post-Classical Period* (but see Lowry and Stewart, eds, 2008).[12]

That the Arabic literature of India remains woefully under-represented, if represented at all, by historians of Arabic literature is surprising given the indispensable surveys in *Geschichte der arabischen Literatur, The Contribution of Indo-Pakistan to Arabic Literature,* and *Arabic and Persian in Carnatic, 1710-1960.*[13] All three recognise the importance of Āzād Bilgrāmī.

Āzād Bilgrāmī

Life

Though Arabist scholarship has largely ignored him,[14] in India Āzād Bilgrāmī's literary legacy in Arabic has long been recognised.[15] His panegyrics of the prophet Muḥammad earned him an honorific, Hassan-i Hind (*Ar.* Ḥassān al-Hind), likening him to the Prophet Muḥammad's own panegyrist, Ḥassān ibn Thābit (d. 647); and his poetry has found its way into curricula in Arabophone education all over India.

---

[10] Bāshā (1989).

[11] Hunwick and O'Fahey (1994-in progress).

[12] Allen, ed. (2006).

[13] *GAL*; Ahmad (1968 [1946]); Umari (1974).

[14] E.g. Meisami and Starkey (1998), where neither neither Āzād nor any other Indian Arabic belletristic authors have their own entries in an otherwise comprehensive work. But see *GAL Supplement* 2/600–01; *Encyclopaedia of Islam*², 1/808.

[15] See Ahmad (1946), 303, for a bibliography of early Indian works mentioning Āzād. See also al-Siwānī (1976), esp. 1–8; Abbas (1998); and Zarqānī (2004). On Āzād's panegyrics, see the anticipated (2008) Cairo University M. Phil thesis of Kaukabul Bari.

Al-Sayyid Ghulām ʿAlī "Āzād" ibn al-Sayyid Nūḥ al-Ḥusaynī [descended from the Prophet through his grandson Ḥusayn] al-Wāṣiṭī [originating from Wāsiṭ, Iraq] (al-)Bilgrāmī (of Bilgrām) was born in Maydanpura in 1704 into a respected family of scholars and civil servants;[16] Bilgram is about fifty miles northwest of Lucknow.[17] Much information about Āzād's life he himself supplies in notices in the *Subḥat al-marjān*, and the Persian *Ma'āṣir al-kirām* and *Sarv-i Āzād*.[18] He studied Arabic and religion with the renowned Mīr Ṭufayl Muḥammad Atraulī (d. 1738), prosody and the literary arts with his maternal uncle, Mīr Muḥammad Bilgrāmī (d. 1771), and Hadith, Sīrah and Arabic and Persian poetry with his maternal grandfather, Mīr ʿAbd al-Jalīl Bilgrāmī (d. 1725), whom he followed to Delhi in 1721–22. Though he would not write the *Shifā' al-ʿalīl* till late in his life, the foundations for a deep knowledge of Arabic poetry, rhetoric and lexicography were laid in this early period.

Āzād returned to Maydanpura in 1724 and became a disciple of the Chishti Sufi Mīr Sayyif Luṭf Allāh (d. 1730). In 1729, Āzād's uncle summoned him to Siwistan where he substituted for him as Pay-Master General, a post he then assumed. While there, he began a work in Persian that he continued in Allahabad (having resigned his post) between 1734 and 1737. In October 1737, he left home and family with the intention of performing the Hajj. He left in secret, fearing his family's opposition to his departure in troubled times. He walked south and when he reached the Deccan was introduced to Āṣaf Jāh (d. 1748), who granted his wish, expressed in Persian verse, for help in performing the pilgrimage.

Āzād reached Arabia in May 1738, where he was received by his compatriot, the poet Muḥammad Fākhir "Zā'ir" Ilāhabādī (d. 1750). Having missed that year's annual pilgrimage, he studied Hadith with al-Shaykh Muḥammad Ḥayāt al-Sindī (d. 1749) in Medina, and with the Egyptian Shaykh ʿAbd al-Wahhāb al-Ṭanṭāwī (d. 1744) in Mecca; the latter greatly admired Āzād's poetic talents.[19] Āzād probably began (but did not complete) his first Arabic prose work at this time, *Daw' al-darārī fī Ṣaḥīḥ al-Bukhārī* (Abundant light, on the

---

[16] See al-Sīwānī (1976), 3, and Zarqānī (2004), 28–31.

[17] Bilgram and neighboring areas, e.g. Qannawj, were home to numerous important Arabic scholars. See ʿAbd al-Ḥayy (1947–81), *passim*.

[18] Āzād's autobiographical passages: Āzād, *Subḥat al-marjān* (1976–80) 1/298-309; *Ma'asir al-kirām* (1910), 161-64; 303-11; *Khazānah-i ʿĀmira* (1871), 123–45. See also ʿAbd al-Ḥayy (1992), 6/208–13; al-Sīwānī (1976), 1–7; Zarqānī (2004), 31–46; Toorawa (2008a [forthcoming]).

[19] See John Voll, "Muhammad Hayyat al-Sindi and Muhammad ibn ʿAbd al-Wahhab, an Analysis of an Intellectual Group in 18th-Century Medina", *Bulletin of the School of Oriental and African Studies* 38 (1975), 32-39.

Ṣaḥīḥ of Bukhārī) a commentary on Bukhārī's celebrated Hadith collection, which Āzād modeled somewhat on a commentary by al-Qasṭallānī (d. 1517).

Āzād returned to India in September 1739, having visited Sufi shrines in Ṭā'if and Mukhā along the way. In February 1740 he left for the Deccan at the invitation of Āṣaf Jāh but, finding a library of great interest at Aurangabad, instead took up residence there, near the shrine of Bābā Shāh "Musāfir" Naqshbandī (d. 1714).[20] Nāṣir Jang summoned Āzād to his court in Hyderabad in 1745, but when Nāṣir Jang died in 1750, Āzād returned to Aurangabad, traveling only once to Hyderabad in 1754 for a year. Thereafter, he remained in Aurangabad, studying, teaching and writing, and steadfastly refusing any official patronage. He is buried in Khuldabad.[21]

Āzād Bilgrāmī's Arabic Works[22]

Āzād's first complete Arabic work was the four-part *Subḥat al-marjān fī āthār Hindustān* (The coral rosary on Indian antiquities [lit. traditions]).[23] Its date of final collation was 1763–64, but parts were written earlier: part one, *Shamāmat al-ʿanbar fīmā warada fil-Hind min Sayyid al-bashar* (The scent of ambergris on everything the leader of humanity [Prophet Muḥammad] said about India), a disquisition on the eminence and preeminence of India, for instance, was completed in 1750.[24] The purpose of the second section, consisting of forty-five biographies of Arabic scholars in India, was to introduce eminent Indian scholars writing in Arabic to Arab and Arabophone scholars outside India. The third section of the *Subḥat al-marjān* concerns rhetorical figures in Indic and Arabic poetry. This is significant as

---

[20] See Digby (2001).

[21] For photographs of Āzād's tomb, see Haig (1907), 58, and Ernst (2004), fig. 13.

[22] For information on these works see below; for information on the manuscripts, see Husain (1936), see 123–25; *GAL, Suppl.* 2/600–01; Ahmed (1968), 303–04, 449–50, 473, 482; al-Sīwānī (1976), 10–12; Abbas (1998); Toorawa (2008b [forthcoming]).

For information about his Persian works, see Husain (1936), 125–29; Storey (1972), 1.2/855–66; Abbas (1997).

[23] For a short passage in English, see Ernst (1995).

[24] Āzād's interest in biography extended to Persian too. In 1752-53 Āzād completed a two-volume biographical work on important men of, or associated with, Bilgrām, the *Ma'āṣir al-kirām: tārīkh Bilgrām*, the first volume of which he had begun in north India. He also wrote the two-part *Sarv-i Āzād*, biographies of poets who died from 1000 AH (1591 CE). It includes 143 Persian poets and eight "Hindi" (Hindi, Urdu) poets.

few Indian scholars of Arabic evince, let alone display, their knowledge of Sanskrit. This section was earlier written for the *Tasliyat al-fu'ād fī qaṣā'id Āzād* (The heart's solace, Āzād's poems).[25] The fourth section of the *Subḥat al-marjān* describes types of lovers and beloveds. The *Mir'āt al-jamāl* ("The mirror of beauty"), which dates from 1773, takes up the same themes in one hundred and five verses.

Āzād wrote ten collections of poetry, seven of which form *al-Sabʿat al-sayyārah* (The orbiting seven), eight of which date from between 1779 and 1783. For these poems, many of which are panegyrics of the Prophet Muhammad, Āzād uses severeal verse forms, some traditional Arabic ones, such as the *qaṣīdah* (ode) and *ghazal* (love lyric) but also others from Persian, such as the *rubāʿī* (quatrain). Al-Siwāni numbers Āzād's verses at 12,500. In the 3700-couplet ethico-mystical (but also humorous and satirical) *Mazhar al-barakāt* ("The repository of blessings"), which can be dated to 1780–82, namely the same period, Āzād uses the Persian *masnavi* form.

The Arabic works (in alphabetical order) are:

Araj al-ṣabā fī madḥ al-Muṣṭafā (in manuscript)

Ḍaw' al-darārī fī sharḥ Ṣaḥīḥ al-Bukhārī (in manuscript)

Dīwān Āzād (in manuscript)

Kashkūl (in manuscript)

Mazhar al-barakāt (in manuscript)

Mir'āt al-Jamāl (in manuscript)

al-Sabʿa al-sayyāra

[published as] *Mukhtār Dīwān Āzād al-maʿrūf bi-al-Sabʿa al-Sayyāra* (Lucknow: Maṭbaʿat Āsī, 1900).

Shamāmat al-ʿanbar fīmā warada fil-Hind min Sayyid al-Bashar

[= part 1 of the *Subḥat al-marjān*, see below]

[25] The closing discourse of the *Subḥāt al-marjān*'s third section summarises the entire preceding discussion in a hundred-couplet poem modeled, he says, on those of Ṣafī al-dīn al-Ḥillī (d. 1349), Ibn Ḥijjah al-Ḥamawī (d. 1434), and others.

Shifā' al-ʿalīl (in manuscript)

[Partial uncritical edition] *Shifā' al-ʿalīl fī iṣlāḥāt ʿalā abyāt Abī l-Tayyib al-Mutanabbī*, partial edition, ed. N. A. al-Fārūqī, in *Thaqāfat-ul-Hind*, vol. 35/3–4 (1984), pp. 60–106; vol. 36/1 (1985), pp. 63-117.

Subḥat al-marjān fī Āthār Hindustān

Critical edition: *Subḥat al-marjān fī āthār Hindustān*, lith. Hyderabad, 1885-1886; edited by Muḥammad Faḍl al-Raḥmān al-Nadwī al-Sīwānī, 2 volumes (Aligarh: Institute of Islamic Studies, Aligarh Muslim University, 1976–80).

Extract in English translation: "Indian as a Sacred Islamic Land", translated by Carl Ernst, in *Religions of India in Practice*, edited by Donald S. Lopez, Jr. (Princeton: Princeton University Press, 1995), pp. 556–564.

Tasliyat al-fu'ād fī qaṣā'id Āzād

Tasliyat al-fu'ād fī qaṣā'id Āzād, lith. Bombay 1303.

Āzād freely uses chronograms to date his works. In the case of the *Shifā' al-ʿalīl*, however, he informs the reader directly of its date of composition, 1196 in the Ḥijrī calendar, which corresponds to 1782 CE. He was then eighty years old and would die four years later.

* * *

The *Shifā al-ʿalīl*

The Manuscript[26]

The manuscript of the *Shifā' al-ʿalīl* (Remedy for the ailing) preserved in the Government of Andhra Pradesh Oriental Manuscripts Library and Research Institute is the one commonly referred to as the Āṣafiyya Manuscript. It is catalogued as "Dawāwin 1113". It consists of 72 folios (143 pages), each 20 cms x 13 cms. Each page has 11 lines in a clear Nasta'liq script, in black and red ink. The manuscript dates from no later than the early nineteenth century but the colophon bears no date, and the copyist is unidentified. It may be that it is in Āzād's own hand; certainly, the hand in this manuscript and in Salar Jung MS Arabic 29 (see note 26) are very close. The difficulty is that the heading on the first page identifies the work as Āzād's and follows his name with "raḥimahu 'llāh", "May God show him mercy".[27] It may be that the heading is by another hand. This requires further investigation.

---

[26] I am aware of three other manuscripts of the *Shifā' al-ʿalīl*, two of which I have seen:

(1) Salar Jung Museum MS Arabic 29 is 79 folios, 19.4 cms X 11.8 cms, 11 lines per page, in clear Nasta'liq. There are numerous corrections that suggest it is in the author's own hand. The manuscript bears the seal "Munir al-Mulk, 1206". The Ḥijrī year 1206 corresponds to 1791 CE; Munīr al-Mulk was Prime Minister to Sikander Jah, 1808–32, and was the grandfather of Salar Jung.

(2) Salar Jung Museum MS Arabic 30 is 40 folios, 25.2 cms X 15.2 cms, 19 lines per page, in Nasta'liq. This manuscript, which has very few corrections, bears the author's own seal, "al-Faqīr Āzād". The hand is very similar to that of MS 29 and is likely the author's.

(3) Nadwat al-ʿUlamā' MS 1455 is 50 folios of 25 lines and was copied by Sayyid Nūr al-Ḥasan Qannawjī (see Abbas [1998]).

(4[?]) I have not been able to locate the manuscript described by Suhrawardy (1917), cxxiii, as part of the M. ʿAlī Husain Library, Kūchah-i Madrasah-i Aʿizza, Hyderabad (and consequently cited by Husain (1936) and Abbas (1998), but since Suhrawardy describes it as having "copious marginal notes", it may well be that the Salar Jung Museum acquired it and that it is identical to MS 29.

[27] *Shifā' al-ʿalīl*, MS Dawāwīn 1113, folio 2r, line 2 (= p. 2, line 2). All references to this manuscript will hereafter be to page number as these appear clearly at the top of each page reproduced in this volume, and line number (thus, *Shifā'* 2, line 2). (Hereafter, MS Dawāwīn 1113 = D; MS Salar Jung 29 = S; MS Salar Jung 30 = J; Nadwah MS 1455 = N).

The Title

Scholars have almost invariably made reference to the the *Shifā' al-ʿalīl* by an expanded title. There is, however, no evidence (or consensus[28]) on this longer title. M. G. Zubaid Ahmed calls the work *Shifā' al-ʿalīl fī iṣlāḥ kalām al-Mutanabbī*, perhaps following the identification provided by Suhrawardy.[29] In his partial edition, based apparently on the Salar Jung Museum MS 29, al-Fārūqī calls the work *Shifā' al-ʿalīl fī l-iṣlāḥāt ʿalā abyāt Abī al-Ṭayyib al-Mutanabbī.*[30] This is an extrapolation, apparently inspired by the entries in the Salar Jung catalogue, which read *Shifā' al-ʿalīl fī iṣṭilāḥāt kalām al-Mutanabbī al-ḍillīl.* The use of *iṣlāḥ* is certainly preferable to *iṣṭilāḥāt*, both in terms of meaning, and in that it corresponds to Āzād's locution when describing emendation of lines by al-Mutanabbī, viz. "wa yumkin[u] an yuṣlah[a] wa-yuqāl[a]", "It's possible to emend [this] and [have it] say".[31] Indeed, the matter can be laid to rest by the fact that in the introduction to the work itself, Āzād writes, "wa-jamaʿtu hādhihi l-risālah allatī sammaytuhā *Shifā' al-ʿalīl* sanata...", "I put together this treatise which I have titled *Shifā' al-ʿalīl*, in the year..." I have therefore opted to retain the unelaborated title.

The title *Shifā' al-ʿalīl* is certainly not unique to Āzād,[32] though he appears to be the only scholar to apply this title to a work about al-Mutanabbī. The Oriental Manuscripts Library and Research Institute itself has two other works bearing this exact title: a seventeenth-century Persian work on medicine (MS Ayurveda 79) and a nineteenth-century Urdu translation of Shāh Walī Allāh's *al-Qawl al-jamīl* (MS Urdu 1845).

Āzād would have no doubt been aware of works with the title *Shifā' al-ʿalīl* (see note 32 above). Of particular interest, however, is the fact that the title appears in works by contemporaries: (1) Ismāʿīl ibn Muḥammad al-Jarrāḥī (d. 1749), *Shifā' al-ʿalīl fī dawā' al-kalim* (see *GAL Suppl.* 2/422) (2) Ḍiyā' al-dīn ʿAbd al-ʿAzīz ibn Ibrāhīm Thamīnī (d. 1808), *Kitāb al-Nīl wa-shifā' al-ʿalīl* [Beirut, 1972–73]; (3) ʿAbd al-Qādir (al-)Rāfiʿī (d. 1815), *Shifā' al-ʿalīl, fī madḥ Ṭāhā al-jalīl*

---

[28] E.g. *GAL Suppl.* 1/941 cites Suhrawardy (1917) for "iṣlāḥ", but *GAL Suppl.* 2/600 cites it for "*iṣṭilāḥāt*".

[29] Ahmad (1968), 473; Suhrawardy (1917), 101.

[30] In *Thaqāfat-ul-Hind* 35/3–4 (1984), 60–106, and 36/1 (1985), 63-117.

[31] E.g. *Shifā'*, 57, line 2; cf. 67, line 2 (for "al-iṣlāḥ" *tout court*).

[32] E.g. (1) al-Ghazālī (d. 1111), *Shifā' al-ʿalīl fī uṣūl al-fiqh* (see Hourani, "Chronology", 226); (2) Muḥammad ibn ʿAbdallāh al-Maḥallī (d. 1275), *Shifā' al-ʿalīl fī ʿilm al-Khalīl* [see *GAL* 1/307]; (3) Ibn Qayyim al-Jawziyyah (d. 1350), *Shifā' al-ʿalīl fī masā'il al-qaḍā wal-qadar* (Beirut, 2006).

[Cairo, 1895-96]; (4) Muḥammad Amīn ibn ʿUmar Ibn ʿĀbidīn (d. 1836 or 1842), *Shifā' al-ʿalīl wa-ball al-ghalīl fī ḥukm al-waṣiyya bil-khatamāt wal-tahālīl.*[33] The copy of the anonymous 16th century *Shifā' al-ʿalīl wa-siqā al-ghalīl,* in the Khuda Bakhsh Library (which is a commentary on *al-Maqṣad al-jamīl fī ʿilm al-Khalīl* of Ibn al-Ḥājib [d. 1248]), was copied ca. 1737, and may, therefore, also have been known to Āzād.[34]

The work

The *Shifā' al-ʿalīl* comprises Āzād Bilgrāmī's suggested emendations to one hundred and seventy-eight of the poet al-Mutanabbī's linguistic and rhetorical choices.[35] Abū al-Ṭayyib Aḥmad ibn al-Ḥusayn al-Mutanabbī (d. 965) is widely regarded as (one of) the greatest of all Arabic poets.[36] He was born in Kufa (Iraq) in 915, where he also received his early education, and where his precociousness as a poet was already noticed. He practised his poetry in Kufa and Baghdad but met with little success. In the early 930s he led a rebellion which earned him imprisonment and also the name al-Mutanabbī, meaning "he who professes to be a poet". Upon his release, al-Mutanabbī decided to try his hand as a panegyrist again. He traveled to Antioch, Damascus and Aleppo, choosing now to write poetry characterised by more inventiveness. In 948, al-Mutanabbī attached himself to the Ḥamdānid ruler of Aleppo, Sayf al-Dawlah. At that prince's court, al-Mutanabbī made friends and foes, but the latter in time prevailed and al-Mutanabbī fled to Egypt in 957, where he was patronised by the Ikhshīdid ruler, Kāfūr. Their relations soured and two years later, after satirising this patron, al-Mutanabbī fled east. His next patron was ʿAḍud al-Dawlah in Shiraz. In 965, while traveling to Kufa, al-Mutanabbī was attacked and killed (possibly by someone he had insulted).

Al-Mutanabbī had no shortage of enemies, but he had his champions too, both during his life and after his death. Inevitably, then, critics have fallen into two camps, those that praise his verse

---

[33] *Shifā' alʿalīl wa-ball al-ghalīl ʿalā fī ḥukm al-waṣiyya bil-khatamāt wal-tahālīl,* Daiber Collection II, Institute of Oriental Culture, University of Tokyo, MS 115 (cf. *GAL Suppl.* 2/773).

[34] See *Khuda Bakhsh Arabic Catalog,* vol. 20, p, 286, no. 2218. Cf. *GAL Suppl.* 1/966.

[35] In *Subḥat al-marjān,* 2/32, Āzād comments on an error in a line by al-Mutanabbī.

[36] On al-Mutanabbī, see, *inter alia,* Blachère (1935); *GAS* 2/484–97, 9/290–94; *Encyclopaedia of Islam*², 7/769–72; ʿAwwād and ʿAwwād (1979); Heinrichs (1990); Hamori (1992).

and those that denounce it, those that approve of his verse or that disapprove of it. What is more, critics have often had difficulty separating al-Mutanabbī's personality and political views from his poetry. Consequently, one of Arabic literature's greatest poets is also one of the most polemicised. In writing the *Shifā' al-ᶜalīl*, then, Āzād inscribed himself into a particularly charged history. Āzād is, of course, fully aware of this, citing Abū al-ᶜAlā' al-Maᶜarrī as one of al-Mutanabbī's partisans, and al-Ṣāḥib ibn ᶜAbbād (author of the *Kitāb Kashf ᶜan masāwī shiᶜr al-Mutanabbī*) and al-Ḥātimī (author of the *Risāla al-Mūḍiḥah*) as one of his detractors.

In his introduction Āzād acknowledges al-Mutanabbī's greatness (*amīr ᶜalā umarā' al-kalām*) but acknowledges also that the poet sometimes overdoes (*ifrāṭ*) and is negligent (*tafrīṭ*).[37] All in all, Āzād has a balanced view of al-Mutanabbī's poetry, noting that some of his expressions rise to the heights and others sink to the lowest of the low.[38] Āzād goes on to explain his decision to write a work suggesting emendations to al-Mutanabbī's "bad" choices by invoking the Qur'anic dictum, "Inna al-ḥasanāt yudhhibna al-sayyi'āt", "Good deeds eliminate bad deeds" (Q HŪD 11:114).[39] Like a knowledgeable physician ("al-ṭabīb al-ᶜārif"), Āzād opts for cure ("ᶜilāj") over remonstrance ("iᶜtirāḍ"), observing that it occurred to him to emend what is deficient in al-Mutanabbī's verses ("an uṣliḥa mā fī kalāmihi min al-fasād"), in the hope that the bad will give way to the good.[40] It should be pointed out, however, that much of Āzād's time is also consumed correcting the commentator al-Wāḥidī.[41] Sometimes, Āzād is ironic (suggesting al-Mutanabbī is "nā'im", "asleep" while writing, for instance) and harsh (describing the "bashāᶜat", "ugliness" of a verse, for instance).[42] But Āzād is also perfectly willing to be mistaken.[43] He is also willing to cite his own poetry, and quote it at length, to illustrate a point.[44] This is something he also does in the *Subḥat al-marjān*, listing, for example, thirty-eight figures of speech from Indian rhetoric and then providing a list of thirty-six that he has himself invented.[45]

---

[37] *Shifā'*, 2, line 9; 2, line 11.

[38] *Shifā'*, 3, line 2.

[39] *Shifā'*, 3, line 3.

[40] *Shifā'*, 3, line 10—4, line 3.

[41] *Shifā'*, 46, line 10.

[42] *Shifā'*, 13, line 4; 44, line 2.

[43] *Shifā'*, 40, line 8.

[44] *Shifā'*, 92, line 2; 122, line 8—124, line 10 (with commentary to 125, line 11); 132, line 8—134, line 2.

[45] *Subḥat al-marjān*, 2/43-131, and 2/132–238.

A full evaluation of this fascinating work from late eighteenth century India will accompany the critical edition currently under preparation. Suffice to note that Āzād demonstrates tremendous facility with the Arabic poetic tradition (he cites e.g. al-Aʿshā, Abū Tammām), and that he shows a balanced appreciation of his illustrious predecessor and the latter's supporters and disparagers (though he appears only to have had access to al-Wāḥidī's commentary and part of Ibn Jinnī's[46]).

It is true that at first glance this work would seem simply to be a commentary (on al-Mutanabbī), a super-commentary (on al-Wāḥidī, Ibn Jinnī and others), a backward glance, as it were, to a 'golden age'. It is to be hoped that readers will discover that it is otherwise, that it is in fact the product of an inventive poet, the outgrowth of a long association with Arabic poetry, and perhaps even—given that much was ailing in India at the time of its writing—a plea for strong remedies all round.

[46] *Cf. Subḥat al-marjān*, 1/215-16 where he cites Ibn Fūrujjah.

BIBLIOGRAPHY

Selected commentaries on al-Mutanabbī

al-Ḥātimī, Abū ʿAlī, *al-Risālah al-mūḍiḥah fi dhikr sariqāt al-Mutanabbī wa-sāqit min shiʿrihi*, ed. Muḥammad Yūsuf Najm (Beirut: Dār Ṣādir lil-Ṭibāʿah wal-Nashr, 1965).

Ibn Jinnī, *al-Fatḥ al-wahbī ʿalā mushkilāt al-Mutanabbī*, ed. Muḥsin Ghayyāḍ (ʿAzamiyyah, Baghdad: Dār al-Shu'ūn al-Thaqāfiyyah al-ʿĀmmah, "Āfāq 'Arabiyyah", 1990).

— *al-Fasr: Sharḥ Ibn Jinnī al-kabīr ʿalā Dīwān al-Mutanabbī*, 5 volumes, ed. Riḍā Rajab (Damascus: Dār al-Yanābīʿ, 2004).

— et al, *Shurūḥ shiʿr al-Mutanabbī* [= *Mustadrak ʿalā Ibn Jinnī fīmā sharaḥahu min shiʿr al-Mutanabbī, li-Abī al-Faḍl al-ʿArūḍī; al-Tanjī ʿalā Ibn Jinnī, li-Ibn Fūrujjah al-Burūjirdī; Sharḥ al-mushkil min shiʿr al-Mutanabbī, li-Ibn al-Qaṭṭāʿ al-Ṣaqallī*], ed. Muḥsin Ghayyāḍ ʿUjayl (ʿAzamiyyah, Baghdad: Wizārat al-Thaqāfah wal-Iʿlām, Dār al-Shu'ūn al-Thaqāfiyyah al-ʿĀmmah, "Āfāq 'Arabiyyah", 2000)

Ibn Sīdah, ʿAlī ibn Ismāʿīl, *Sharḥ mushkil abyāt al-Mutanabbī*, ed. Muṣṭafā al-Ṣaqqā and Ḥamīd ʿAbd al-Majīd (Cairo: Maṭbaʿat Dār al-Kutub al-Miṣriyyah, 1996)

al-Mutanabbī, Abū al-Ṭayyib, *Dīwān Abī l-Ṭayyib al-Mutanabbī, bi-Sharḥ al-Wāhidī*, ed. ʿUmar Fārūq Tabbāʿ, 2 volumes, (Beirut: Dār al-Arqam Ibn al-Arqam, 1994).

al-Ṣāḥib ibn ʿAbbād, *al-Kashf ʿan masāwī shiʿr al-Mutanabbī*, ed. Muḥammad Ḥasan Āl Yāsīn (Baghdad: Maktabat al-Nahḍah, 1965).

al-Ṣiqillī al-Maghribī, Abū ʿAlī al-Ḥusayn ibn ʿUbaydallah, *al-Takmilah wa-sharḥ al-abyāt al-mushkilah min Dīwān Abī l-Ṭayyib al-Mutanabbī*, 3 volumes, ed. Anwar Abū Suwaylam (Amman: Dār ʿAmmār, 1985).

al-Ṭibrīzī, Yaḥyā ibn ʿAlī, *al-Mūḍiḥ fi sharḥ dīwān Abī l-Ṭayyib al-Mutanabbī*, 2 volumes, ed. Khalaf Rashīd Nuʿmān (Baghdad: Dār al-Shu'ūn al-Thaqāfiyyah al-ʿĀmmah, "Āfāq 'Arabiyyah", 2000-2002).

Al-ʿUkbarī, Abū al-Baqā', *al-Tibyān fi sharḥ al-Dīwān*, ed. Muṣṭafā al-Ṣaqqā, Ibrāhīm al-Abyārī and ʿAbd al-Ḥafīz Shiblī (Beirut: Dār al-Maʿrifah, 2004).

al-Wāḥidī, *Dīwān Abī l-Ṭayyib al-Mutanabbī* [maʿa] *Sharḥ al-Imām al-ʿAllāmah al-Wāḥidī*, ed. Friedrich Dieterici (Berlin: Mittler, 1861).

References

Abbas, Hasan (1998) "Āzād Bilgrāmī ki Arabi khadamāt", *Ma'arif* 162/3: 204–21.

— "Āzād Bilgrāmī ki Fārsi khadamāt", *Ma'ārif* 159/1 (1997): 46–55

ʿAbd al-Ḥayy (1947–1981) ibn Fakhruddīn al-Ḥasanī, *Nuzhat al-khawāṭir wa-bahjat al-masāmī wal-nawāẓir*, 2nd ed., 8 volumes in 6 (Hyderabad, Deccan: Dā'irat al-Maʿārif al-ʿUthmāniyya, 1947-81) = *al-Iʿlām bi-man fi tārīkh al-Hind min al-aʿlām al-musammā bi-Nuzhat al-khawāṭir wa-bahjat al-masāmī wal-nawāẓir*, 8 volumes in 6 (Multan: Ṭayyib Academy, 1992; 8 volumes in 3 (Beirut: Dār Ibn Ḥazm, 1999).

Aḥmad, Ashfāq (2006) *Tuḥfat al-Hind, tarājim al-shakṣiyyāt al-Hindiyyah fil-thaqāfat al-ʿArabiyyah al-Islāmiyyah* (Katihar, Bihar: A. A. Siddiqi), 19–26.

Aḥmad, Aziz (1964) *Studies in Islamic Culture in the Indian Environment* (Oxford: Clarendon Press).

Aḥmad, M. G. Zubaid (1946), *The Contribution of Indo-Pakistan to Arabic Literature, from ancient times to 1857* (Lahore: Sh. Muhammad Ashraf, 1968 [1946]).

Alam, Muzaffar (1986) *The Crisis of Empire in Mughal North India* (Delhi and New York: Oxford University Press).

Alam and Sanjay Subrahmanyam (2004) "The Making of a Munshi," *Comparative Studies of South Asia, Africa and the Middle East* 24/2: 61-72.

Allen, Roger (1998) *The Arabic Literary Heritage* (Cambridge: Cambridge University Press).

— ed. (2006) *Arabic Literature in the Post-Classical Period* (Cambridge: Cambridge University Press,).

Ansari, A. S. Bazmee, "Āzād Bilgrāmī", *Encyclopaedia of Islam*, ed. H. A. R. Gibb et al (Leiden: E. J. Brill, 1960), vol. 1, p. 808.

Ansari, Muhammad Amān Allāh (1992), *Bilgrām ke Fārsī shuʿārā'* (Sabzibagh, Patna: Bihar Lithograph Press).

Atiqurrahman, Muhammad (1980) "Khuda Bakhsh Library mein Maulana Ghulam Ali Azad ki Qalami Tasnifat", *Ma'arif* (October): 278–92.

ʿAwwād, Kurkīs and Mikhā'īl ʿAwwād (1979), *Rā'id al-dirāsah ʿan al-Mutanabbī, 303–354 H, 915–965 M* (Baghdad: Wizārat al-Thaqāfah wal-Iʿlām).

Āzād Bilgrāmī, Ghulām ʿAlī (2003) *Ghazālān [sic = Ghizlān] al-Hind: muṭālaʿa-i taṭbīqī-i Hindī va-Fārsī bi-inzimām-i faṣli va-zan'shināsī*, ed. Sīrūs Shamīsā, (Teheran: Ṣidā-yi Muʿāṣir).

— *Khazānah-i ʿĀmira*, lith. (Kanpur: Naval Kishore Press, 1871-1900).

— *Ma'āsir al-kirām*, lith. (Agra: Maṭbaʿat Mufīd ʿĀm, 1910); ed. Muḥāmmad ʿAbdah Lā'ilpūrī (Lahore: Maktabah Aḥyā' al-ʿUlūm al-Sharqiyyah, 1971)

— *Sarv-i Āzād*, ed. Abdullah Khan (Lahore: Dukhānī Rifāh-i ʿĀm, 1913).

— *Rauḍat al-Aulia*, lith. (Aurangabad, Deccan: Iʿjāz Ṣafdarī Press, 1892-93).

Bāshā, ʿUmar Mūsā (1989) *Tārīkh al-adab al-ʿArabī: al-ʿaṣr al-ʿUthmānī* (Beirut: Dār al-Fikr al-Muʿāṣir; Damascus: Dār al-Fikr).

Blachère, Régis (1935) *Un poète arabe du IVe siècle de l'Hégire (Xe siècle de J.C.): About-Tayyib al-Motanabbi: essai d'histoire littéraire* (Paris: Adrien).

Bulliet, Richard W. (1994) *Islam: The View from the Edge* (New York: Columbia University Press).

Digby, Simon (2001) *Sufis and Soldiers in Awrangzeb's Deccan, Malfúzát-i Naqshbandiyya,* translated from the Persian and with an introduction (Delhi and New York: Oxford University Press).

Encyclopaedia of Islam[2]: H. A. R. Gibb et al, eds, *Encyclopaedia of Islam, 2nd edition,* 11 vols (Leiden: E. J. Brill, 1954-2006).

Ernst, Carl, trans. (2007 [forthcoming]) "Reconfiguring the relation between religion and the world: Sufism and reformist Islam in South Asia since the 18th century". In Margrit Pernau (ed.), *Religion and Civil Society–Germany, Great Britain and India in the 19th Century* (Berlin: Wissenschaftszentrum Berlin für Sozialforschung, 2007).

— (1995) "Indian as a Sacred Islamic Land", translated by Carl Ernst, in *Religions of India in Practice,* edited by Donald S. Lopez, Jr. (Princeton: Princeton University Press, 1995), pp. 556–564.

— (2004) "Khuldabad: Dargahs of Shaykh Burhanuddin and Shaykh Zaynuddin Shirazi", in Mumtaz Currim and George Michell (eds), *Dargahs: Abodes of the Saints,* special issue of *Marg* 56/1: 104–19.

Faruqi, Shamsur Rahman (2001) *Early Urdu Literary Culture and History* (New Delhi and New York: Oxford University Press).

— (2004) "Stranger in the City: The Poetics of Sabk-i Hindi", in *Annual of Urdu Studies* 19 (2004): 1–93.

GAL: Carl Brockelmann, *Geschichte der arabischen Literatur,* revised ed., 2 volumes, 3 supplements (Leiden: E. J. Brill, 1943–49).

Green, Nile (2006) *Indian Sufism since the Seventeenth Century: Saints, Books and Empire in the Muslim Deccan* (London and New York: Routledge, 2006).

— (2004) "Auspicious Foundations: The Patronage of Sufi Institutions in the Late Mughal and Early Asaf Jah Deccan," *South Asian Studies* 20: 71–98.

Guha, Sumit (2004) "Transitions and Translations: Regional Power and Vernacular Identity in the Dakhan, 1500-1800," *Comparative Studies of South Asia, Africa and the Middle East* 24/2: 23-31.

Ḥasan, Muḥammad Ṣiddīq (1879) *Abjad al-ʿulūm* (Bhopal: al-Maṭbaʿ al-Ṣiddīqī).

Hag, T. W. (1907) *Historic Landmarks of the Deccan* (Allahabad: Pioneer Press).

Hamori, Andras (1992) *The Composition of Mutanabbī's Panegyrics to Sayf al-Dawla* (Leiden: E. J. Brill).

Heiṃ, Joseph Charles (1998–2004) "Piety and Imperial Reform: Nizamu'l-Mulk Asaf Jah I and the Fate of Islam in Eighteenth Century Mughal India", *Muslim & Arab Perspectives, International Islamic Journal* 5–11: 5–18.

Heinrichs, Wolfhart (1990) "The Meaning of Mutanabbī", in James Kugel (ed.), *Poetry and Prophecy: the beginnings of a literary tradition* (Ithaca:

Cornell University Press), 120–39, 231–39.

Hourani, George, "The Chronology of Ghazali's Writings", *Journal of the American Oriental Society* 79/4:225-233.

Hunwick, John and R. S. O'Fahey (1994-2003) *Arabic literature of Africa*: vol. 1, *The writings of eastern Sudanic Africa to c. 1900*; vol. 2, *The writings of central Sudanic Africa*; vol. 3, *The writings of the Muslim peoples of northeastern Africa*; vol. 4, *The writings of western Sudanic Africa* (Leiden: Brill).

Husain, Sayyid Wajahat (1936) "Āzād Bilgrāmī", *Journal of the Royal Asiatic Society of Bengal, Letters* 2: 119-30.

Idrīs, Aḥmad (1998) *al-Adab al-ʿĀrabī fi shibh al-qārah al-Hindiyyah, ḥattā awākhir al-qarn al-ʿishrīn* (Giza: ʿAyn lil-Dirāsāt wal-Buḥūth al-Insāniyyah wal-Ijtimāʿiyyah).

Irwin, Robert, ed. (1999) *Night & horses & the desert: an anthology of classical Arabic literature* (London: Penguin).

Karimuddin, Maulvi (1992) *Ṭabaqāt shuʿārā al-Hind'* (Delhi: Maṭbaʿat al-ʿulūm, Madrasah Delhi).

Kefadar, Cemal (1997-98) "The Question of Ottoman Decline", *Harvard Middle Eastern and Islamic Review* 4/1-2: 30-75.

Khan, Yusuf Husain (1963) *The First Nizam: the life and times of Nizāmu'l-Mulk Āsaf Jāh I* (New York: Asia Publishing House).

Lowry, Joseph and Devin Stewart, *Studies in Arabic Literary Biography, 1350-1800* (Wiesbaden: Harrassowitz Verlag, 2008).

Malik, Jamal (1997) *Islamische Gelehrtenkultur in Nordindien: Entwicklungsgeschichte und Tendenzen am Beispiel von Lucknow* (Leiden: Brill).

Meisami, Julie and Paul Starkey, eds (1998) *Encyclopaedia of Arabic Literature*, 2 vols (London: Routledge).

Moosa, Matti (1997) *The Origins of Modern Arabic Fiction*, 2nd ed. (Boulder, Colo.: Lynne Rienner Publishers).

Mujeeb, M. (1985) *The Indian Muslims* (London: Allen & Unwin, 1967; repr. New Delhi: Munshiram Manoharlal).

al-Nadwi, Faḍl al-Raḥmān (1970) "Ghulām ʿAlī Āzād al-Bilgrāmī wa-āthāruhu bil-lughat al-ʿarabiyyah", *Thaqāfat al-Hind* 38/3–4 (January).

al-Nadwi, Rizwan Ali (1995) *al-Lughat al-ʿArabiyyah wa-ādābuhā fi shibh al-qārah al-Hindiyyah al-Pākistāniyyah ʿibr al-qurūn* (Karachi: Maṭbaʿat Mukarram, University of Karachi), pp. 301-308.

Nicholson, Reynold A. (1907) *A Literary History of the Arabs* (London: T. F. Unwin).

Nuʿmānī, Shiblī (1938–65) *Maqālāt-i Shiblī* (Azamgarh: Dārulmuṣannafīn), vol. 5, pp. 118–135.

Al-Qurayshī, ʿAbd al-Razzāq (1962–1963) "Āzād Bilgrāmī", *Ma'arif* 89/1: 61–76; 89/2: 121–35; 89/3: 192–208; 89/5: 395–96; 91/4: 258–71.

Rao, P. Setu Madhava (1960) "Maratha-Nizam Relations. 'The Khazana-i Amira' of Gulam Ali Azad Bilgrami", *Journal of Indian History* 38: 303-326.

Saunders, J. J. (1963) "The Problem of Islamic Decadence", *Journal of World History* 7: 701-20.

Schimmel, Annemarie (1973), *Islamic Literatures of India* (Wiesbaden: Harrassowitz).

Sharma, Sunil (2004) "The City of Beauties in Indo-Persian Poetic Landscape", *Comparative Studies of South Asia, Africa and the Middle East* 24/2: 73-81.

al–Sīwānī, Fazlur-Rahman al-Nadwi (1976) "Introduction", in ĀZĀD BILGRĀMĪ, *Subḥat al-marjān fī āthār Hindustān*, ed. F. al-Sīwānī (Aligarh: Institute of Islamic Studies, Aligarh Muslim University), 1: 1–24.

Stewart, Devin J. (2004) "Decadence: Notes and preliminaries." Typescript.

Suhrawardy A. and Hafiz Nazir Ahmad (1917) "Notes on Important Arabic and Persian Manuscripts Found in Various Libraries in India", *Journal and Proceedings of the Asiatic Society of Bengal* NS 13/2: lxxxix–cxxxix.

Storey, C. A. (1972) *Persian Literature: A Bio-bibliographical Survey* (London: Luzac & Company, Ltd.), vol. 1, pp. 855–867.

Toorawa, Shawkat M. (2008a [forthcoming]) "Azad Bilgrami (1704-1786)", in *Studies in Arabic Literary Biography, 1350-1800*, ed. Joseph E. Lowry and Devin J. Stewart (Wiesbaden: Harrassowitz, 2008).

— (2008b [forthcoming]) "The Arabic Manuscripts of Āzād Bilgrāmī's works".

Umari, Muhammad Yousuf Kokan (1974) *Arabic and Persian in Carnatic, 171—1960* (Madras: Department of Arabic, Persian and Urdu, University of Madras).

Zarqānī, Ghulām (2004) *Ghulām ʿAlī Āzād al-Bilgrāmī, musāhamatuhu fī ithrā' al-lughah al-ʿarabiyyah wa-ādābihā* (Delhi: Dār al-Kitāb).

Zore, Muhiuddin Qadri (1951) *Dāstān-i adab Haidarābād* (Hyderabad, Deccan: Sabras Kitāb Ghar).

Shawkat M. Toorawa (Ph.D., University of Pennsylvania) is Associate Professor of Arabic Literature in the Department of Near Eastern Studies at Cornell University (Ithaca, New York). He has taught at the University of Pennsylvania, Duke University and the University of Mauritius. His books include the coauthored *Interpreting the Self: Autobiography in the Arabic Literary Tradition* (University of California Press, 2001); *Ibn Abī Ṭāhir Ṭayfūr and Arabic Writerly Culture: A Ninth-Century Bookman in Baghdad* (RoutledgeCurzon, 2005); *Arabic Literary Culture, 500-925*, edited with M. Cooperson (Thomson Gale, 2004); *Adonis, A Time Between Ashes and Roses, Poems*, translation, critical Arabic edition and afterword (Syracuse University Press, 2004); and *Law and Education in Medieval Islam: Studies in Memory of George Makdisi* (Gibb Trust, 2004), edited with J. Lowry and D. Stewart. He is currently preparing a translation of Gregor Schoeler's *Ecrire et transmettre dans les débuts de l'Islam* for Edinburgh University Press; and a critical edition of Āzād Bilgrāmī's *Shifā' al-ʿalīl*.

شفاء العليل

شفاء العليل

للسيد غلام علی آزاد البلگرامی

المتوفی سنة ١٢٠٠

تصویر "دواوین ١١١٣"

نسخة محفوظة لدی مکتبة المخطوطات الشرقیة

و معهد الابحاث التابع

حکومت آندهرا بردیش، حیدرآباد

تقدیم

شوکت محمود توراوا

مدیر التحریر العام

بروفیسور جایادهیر تیرمل راو

الناشر

کتب خانه و اداره تحقیق مخطوطات مشرقی ،

حکومت آندهراپردیش، ـحیدرآباد

شفاء العليل

للسيد غلام على آزاد البلگرامی

تقديم

شوكت محمود توراوا

حقوق الطبع

المدير

كتب خانه و اداره تحقيق مخطوطات

مشرقى حكومت آندهرا براديش

الطبعة الاول: ۲۰۰۷

السعر: ۷۵ روبية ۱۰ دولار

متوفرلدى

كتب خانه و اداره تحقيق مخطوطات

مشرقى حكومت آندهرا براديش

وراء مخفر الشرطة

حرم الجامعة العثمانية

حيدرآباد: ۵۰۰۰۰۷، اے-پی - الهند

تليفون: ۰۴۰-۲۷۰۹۷۷۰۹

E-mail:- apgoml director @ rediffmail.com

شفاء العليل

شفاء العليل من تصانيف السيد الاجل
السيد غلام علي آزاد البلگرامي رحمه الله

بسم الله الرحمن الرحيم

الحمد لله الذي نور قلوبنا بالذكاء وصقل صدورنا بالصفاء والصلاة
والسلام على النبي العربي الذي دلنا على سبل الرشاد وهدانا الى طرق
السداد وعلى آله الذين افادونا احسن المحامل واصحابه الذين علمونا
اوضح المسائل اما بعد فيقول السالك في المذهب الكلامي آزاد الحسيني
الواسطي البلگرامي ان ابا الطيب المتنبي رافع لالوية الاقلام وامير على امراء
الكلام علا كعبه في اختراع المعاني النادرة وطال باعه في اقتناص
المقاصد الشاردة الا ان فيه افراطا وتفريطا وتنغيصا وتنشيطا حيث

صعد بعض کلامه الی اعلی علیین وہبط بعض آخر الی اسفل السافلین
ومع ہذا برعت معانیه العجیبة وغلبت محاسنه الغریبة الی ان ستترن
ما فی کلامه من الوصمات نعم ان الحسنات یذہبن السیئات واختلف
الناس فیه بین المادح والقادح ومن ائمه المتنبی الامیر سیف الدولة
وابو العلاء المعری ومن اعدائه الصاحب ابن عباد صنف کتاب
الکشف عن مساوی شعر المتنبی وابو علی الحاتمی جمع عثراته فی رسالة
سماہا الموضحة ثم الناقدون للکلام والناشرون لنظامه اقتنعوا بتحریر
ما راوا فیه من الخطل واقتصروا علی تفسیر ما وجدوا فیه من الخلل ولم یلتفتوا
الی اصلاح ما فسد وایثار النافق علی ما کسد الا انہم اصلحوا قلیلا من
العثرات کما ابینه فی ضمن ہذه الصفحات ولا یخفی علی الطبیب العارف
بمعالجة الامراض ان منصب الاصلاح اعلی وارفع من منصب الاعتراض

فوقع في خاطري ان اصلح ما في كلامه من الفساد واشفي ما في فلذ كبده
من الكباد واسهل ما فيه من التعقيدات وابدل قدر الوسع سيئاته
بالحسنات فبذلت بالي من الجهد البالغ والسعي الجميل وجمعت هذه الرسالة
التي سميتها شفاء العليل سنة ست وتسعين ومائة والف اسال الله
سبحانه ان يظفرني بالفوز العظيم ويسلكني على الصراط المستقيم انه سميع بصير
وبالمرحمة على عباده جدير واعلم ان لديوان المتنبي شروحا كثيرة وما
تيسر لي منها الا شرح الواحدي تمامه وشرح ابي الفتح ابن جني الى بعض
قافية الراء وظهر من مقابلتهما ان الواحدي ياخذ لبعض ما يرد على
المتنبي من ابن جني فيحتمل ان يكون له ماخذ آخر سواه وانا انسب ما انقل
من شرح الواحدي اليه ولو كان اصله من الغير بعد تقدم ذكره
قال المتنبي وهو مطلع قصيدة يمدح بها محمد بن عبد الله العلوي

أَهلاً بِدارٍ سَباكَ أَغيَدُها ❊ أَبعَدُ ما بانَ عَنكَ خُرَّدُها

قال الواحدي الاغيد الناعم البدن واراد بها ههنا جارية وذكر اللفظ
لانه عنى الشخص يقول ابعد شيء فارقك جواري هذه الدار اقول
في البيت علة للابعدية ولم يذكرها ابن جني ولا الواحدي وهي حياء
الحبائب لان الخرد كركع جمع خريدة وهي الخفرة الطويلة السكوت
الخافضة الصوت المتسترة كما في القاموس وعلم بهذا التفسير ان التستر داخل
في ماهية الخريدة وقد تقرر في اصول الفقه ان ترتب الحكم على المشتق يدل
على علية مبدء الاشتقاق له نحو اكرم العالم فانه يدل على علية العلم
للاكرام فخاطب نفسه ويقول ابعد شيء فارقك جواري هذه الدار لانهن
خرد لا يرجى لقاءهن لشدة الحياء فيهن فالقرب من كل شيء فارقك
مرجو والقرب منهن غير مرجو هذا وجه الابعدية للخرد ثم هذه القصيدة فاتحة

ديوان المتنبي اذ ليست قبلها قصيدة بل عدة ابيات ولا يخفى ان تذكير اللفظ مكان التانيث وارتكاب التاويل في مفتتح الديوان لا سيما في المطلع لا سيما في صدر البيت ليس بمستحسن ويمكن ان يصلح ويقال

اهلا بدار دناك يرصدها العدما بان عنك خردها

الرنا مقصورة الرنو وهو ادامة النظر بسكون الطرف والرصد الترقب والمعنى على تقدير الاصلاح انه يخاطب نفسه ويقول لحظك يترقب الدار ويتمنى ان يراها لانه اذا لم تمكين من الخرد يترقب ان يرى مسكنهن لان مسكنهن ايضا يسلي الخاطر في الجملة لقولي

فوزي بدولة وصلها متعذر فغدوت مقتصرا على جدرانها

وقولي

اتى وصولي الى فردوس ناديها من الغنائم المامي بواديها

لايخفى ان المعنى المدار عليه فى البيت ليس الا البعدية الحزد عن العاشق اما سباك اغيدها فلا حاجة للمعنى اليه و بدله فى الاصلاح اعنى زناك يرصدها افاد معنى لطيفا زائدا على الاصل فالاصلاح مشتمل على الحسنى وزيادة

وقال فى هذه القصيدة

ما اشد عصف الرياح يسبقه تحتى من خطوها تأيدها

يصف نعله وعبره فى البيت السابق بالناقة وارجع الضميرين اليها والعصف شدة هبوب الريح والتأيد اراد به الثانى وهو فاعل يسبق يقول اهون سير ناقتى يسبق اشد سير الريح قال الواحدى التأيد تفعل من الايد وهو التقوى وليس المعنى على هذا وانما اراد التفعل من الأتئاد بمعنى الرفق واللين وحقه تأودها

وقال

قال وهو مطلع قصيدة يمدح بها ممدوحا

كفى اراني ويكِ لومكِ الوما همٌّ اقام على فؤاد انجما

اري فعل ماض من الاراءة وهي تتعدى الى ثلثة مفاعيل مفعولها
الاول ياء المتكلم والثاني لومك والثالث الوما والفاعل هم وانما
اضاف الاراءة الى الهم لان المحزون لا يطيق استماع الملام فيكون اللوم
في هذه الحالة اوجع به فكان الفاعل هو الهم وويك مخفف ويلك
وقع معترضا بين الجملة يقول للعاذلة ويك كفي واتركي عذلي فقد
اراني هم مقيم على فؤاد ذاهب مع الحبيب لومك اوجع لي قال الواحدي
يقال انجمت السماء اقلعت عن المطر وانجم المطر امسك ولا يقال انجم الفؤاد
ولا فؤاد منجم لكنه استعمله في مقابلة اقام على الضد اقول لو كان يقول
يمما مكان انجما لتخلص عن التكلم بخلاف المحاورة لكن ما سمح خاطره الا

تبلک القافیة یقال بممتہ ای قصدتہ والمعنی فواد قصد الحبیبة ای اتھب

الیہا ولعمری ان ہذا المطلع لبعید عن شان المتنبی وذلک حرکنی ان

انظم مطلعا فی ہذا الروی فقلت

لا تعذلنی للہ صبًّا مغرما — من ذا الذی یرضی مقالا ملوما

مثال فی قصیدۃ یتغزل فیہا فقط

فاسقنیہا فدی لعینیک نفسی — من غزال وطارفی وتلیدی

من غزال بیان لکاف الخطاب شل افدیک من رجل وقوع الخبر الذی

تمت بہ الجملۃ وہو نفسی فاصلا بین کاف الخطاب وبین بیانہا وہو من

غزال ووقوع من غزال فاصلا بین المعطوف علیہ وبین المعطوف

تعقید ایما تعقید ویمکن ان یصلح ویقال

فاسقنیہا فدی لعینک من ظبی — فوادی وطارفی وتلیدی

الضمير راجع الى الخمر المفهومة من دم العنقود فى البيت السابق

وقال فى هذه القصيدة

فرؤس الرماح اذهب للغيظ واشفى لغل صدر الحقود

الغل بالكسر الحقد والحقود كصبور الكثير الحقد يقول ذهاب الغيظ برؤس

الرماح اى قتل العدو والشر من ذهابه بالصلح واشفى لحقد الحقود على اعدائه

قال ابو الفتح ابن جنى كان الوجه ان يقول اشد اذهابا للغيظ لانك

تقول اذهبت الغيظ ولا تقول ذهبته انما تقول ذهبت به ولكنه جاز به

على حذف الزائد ثم اصلحه وقال لو قال اذهب بالغيظ استغنى عن

هذا

وقال يمدح ابا القاسم عبيد الله

تمثلوا حاتما ولو عقلوا لكنت فى الجود غاية المثل

قال الواحدی اراد تمثلوا بحاتم فی الجود فحذف الباء ضرورة اقول
یمکن ان یصلح ویقال تخیروا حاتما ای فتاروه غایة المثل فی الجود

وقال فی ابیات یهجو بها شعرا

خلیلیّ ما هذا مناخا لمثلنا   فشدا علیها وارحلا بنهار

ای فشدا رحالنا علی الابل قال الواحدی فی قوله فشدا علیها انه
من الضرورة حذف المفعول والکنایة عن غیر مذکور اقول یمکن
ان یصلح ویقال ـ فشدا رحالا وارحلا بنهار ؁

وقال فی تشبیب قصیدة یمدح بها شجاع الازدی یصف الموتی

خرس اذا نودوا کان لم یعلموا   ان الکلام لهم حلال مطلق

قال الواحدی یرید انهم موتی لا یجیبون من ناداهم کانهم یظنون ان
الکلام محرم علیهم لا یحل لهم ان یتکلموا ولو قال خرس اذا نودوا لعجزهم

عن الکلام

يضرّ احداً الا بصيرة بنفسه البتة

وقال على لسان مخضّ يصف السيف

يرى حدّه غامضات القلوب اذا كنت في هبوة لا اراني

ضمير حدّه راجع الى السيف المذكور في البيت المتقدم والغامض الخفي والهبوة الغبار يقول يرى حد سيفي القلوب الغامضة في ابدان الاعداء فيردها اذا كنت في غبار لا ارى نفسي قال الواحدي لا يجوز اراني بمعنى ارى نفسي وانما يجوز ذلك في افعال معدودة نحو ظننتني وخلتني اقول قد صرح النحاة بان الروية الحُلمية والروية البصرية اجريتا على الروية القلبية فيجوز فيهما ما جوز فيها من كون فاعلهما ومفعولهما ضميرين لشيء واحد كقوله تعالى اني اراني اعصر خمرا وكقول الشاعر

ولقد اراني للرماح دريئة   من عن يميني تارة وشمالي

الدريئة بالدال المهملة والراء حلقة تعلق من خشبة يتعلم عليها الطعن وبعطف بالرمح فعلى هذا يكون قول المتنبي صحيحا

وقال من قصيدة يمدح فيها

وكلما نطحت تحت العجاج به   اسد الكتائب رامته ولم يرم

قال الواحدي رامته زالت عنه ولم يرم لم يزل يقال رامه ورامت عنه فحذف حرف الجر واوصل الفعل والاصل استعماله بحرف الجر قال الاعشى

ابانا فلا رمت من عندنا   فانا بخير اذا لم ترم

والمعنى ان الابطال تنهزم عنه ولا ينهزم هو والنطح انما هو للكباش و لا يستعمل في الاسود ثم اصلحه الواحدي وقال لو قال وكلما صدمت

او رميت

او ربيت كان اليق اقول قال الجوهري رامه يريمه ريما برحه ثم ذكر بيت الاعشى

المذكور ثم قالت ربت فلانا وربت من عند فلان بمعنى وعلم بهذا ان الريم

يتعدى بنفسه وبمن فعلى هذا اصح كلام المتنبى

وقال فى هذه القصيدة

فان اجابوا فما قصدى بها لهم وان تولوا فما ارضى لها بهم

قال الواحدى ان اطاعونى واجابوا الى ما ادعوهم اليه فلست اقصدهم بسيوفى

ولا اقتلهم بها وان ادبروا عنى فلا اقتصر على قتلهم بل اتعداهم الى غيرهم اقول

يحتمل المصراع الثانى معنى آخر اى ان ادبروا عنى فلا ارضى للسيوف بهم ولا اقتلهم بل

اتركهم لان البطل الغيور لا يسل السيف على الهارب يعنى ههنا ثلثة اشكال الاطاعة

والهرب والمحاربة والقتل ليس الا فى صورة المحاربة

وقال فى قصيدة ولم يذكر الممدوح لما

ومن نوسمت ان البحر راحته   جوداً وان عطاياها جواهره

اقول لو قال تيقنت مكان توسمت لكان انسب بشان الممدوح.

وقال في قصيدة يمدح بها شجاع الطائي

الى القابض الارواح والضيغم الذي   تحدث عن وقفاته الخيل والرحل

المعنى ظاهر قال الواحدي اراد وقفاته بفتح القاف فسكن للضرورة وفعلة اذا كانت

اسما جمعت على فعلات واذا كانت صفة جمعت على فعلات بسكون العين

اقول يمكن ان يصلح ويقال ـــ تحدث عن كراته الخيل والرجل.

وقال في هذه القصيدة

كفى ثعلا فخراً بانك منهم   ودهر لان امسيت من اهله اهل

قوله بانك منهم في تاويل المفرد فاعل لكفى والباء زائدة كما في كفى بالله شهيدا قال

الواحدي ثعل بطن من طي وهم رهط الممدوح يقول كفاهم من الفخر انك منهم قال

ابن جني.

ابن جني ارتفع دهر بفعل مضمر دل عليه اول الكلام كانه قال وليفخر دهر اهل لان

لان امسيت من اهله واهل صفة للدهر وروى ابن فورجة دهر عطفا على شغلا

قال واهل رفع لانه خبر مبتدء محذوف اى هو اهل لان امسيت من اهله قال

وللرفع فى دهر وجه وهو العطف على فاعل كفى كانه قال وكفى اهل دهر لان

امسيت من اهله شغلا فخرا اى يقاسم دهرك فخرا لهم واهل الاخير فى البيت معناه

مستاهل لذلك مستحق له اقول لا يخفى ما فى تركيب المصراع الثانى من الاضطراب

والاحتياج الى التكلفات ولا يجب ان يكون المصراع الثانى فى بيان ان الدهر

اهل لان يكون الممدوح من اهله بل الواجب ان يكون معنى المصراع الثانى مناسبا

بمعنى المصراع الاول فليكن المصراع هكذا سالما عن التكلفات

وقفت الورى طرا وانت له اهل

قال وهو مطلع قصيدة يمدح بها ابغا

الیوم عہد کم فاین الموعد ... ہیہات لیس لیوم عہدکم غدٌ

العہد اللقاء یقول لاحبتہ عند الوداع الیوم القاکم فاین موعد لقائکم بعد الوداع

ثم قال ولیس لیوم لقائکم غد لانی لا اعیش بعد فراقکم اولان الوفاء غیر مرجو منکم

فلا غد لی بعد ہذا الیوم قال الواحدی ولو قال ومتی الوعد کان الیق بما ذکر

بعدہ لان این سوال عن المکان ومتی سوال عن الزمان اقول یمکن ان

ان تقوم انی مکان این وہی مشترکۃ بین معنی این ومتی کما فی القاموس

وقال فی ہذہ القصید

قالت وقد رات اصفراری من بہٖ ... وتنہدت فاجبتہا المتنہدُ

تنہدت ای علا صدرہا لشدۃ تنفسہا یقول لما رات صفرۃ لونی وجد الفراقہا قالت

من بہ ای من فعل بہ ہذا الذی اراہ ونا وہت لما راتہ فاجبتہا عن سوالہا المتنہد

ای الفاعل بی ما ترینہ ہذا الشخص المتنہد اطلق المتنہد علی الحبیبۃ ولہذا ادلوا

بان المراد من المتنهد الشخص او الانسان اقول يمكن ان يصلح ويقال

وتنهدت فاجبت من تنهد •

وقال فى هذه القصيدة

فمضت وقد صبغ الحياء بياضها لونى كما صبغ اللجين العسجدُ

قال الواحدى يعنى انها استحيت فاصفر لونها والحياء لا يصفر اللون بل يحمره

ولكن هذا الحياء كان مختلطا بالخوف لانها خافت الفضيحة على نفسها او خافت

ان يسمع الرقيب هذا الكلام او خافت ان تطالب بدمه اقول يمكن ان يصلح

ويقال — صبغت معاتبة الرقيب بياضها •

وقال فى هذه القصيدة

انى يكون ابا البرية آدم ابوك والثقلان انت محمدُ

تقدير الكلام ابوك محمد وانت الثقلان يريد كيف يكون آدم ابا البرية اذا كان ابوك

محمدا وكنت انت الثقلين اى القائم مقام الانس والجن بل ابو البرية خنبذ

محمد والبرية انت قال ابن جنى فى اعراب هذا البيت نعت حيث

بين المبتدر الذى هو ابوك وبين الخبر الذى هو محمد بالجملة التى هى

قوله والثقلان انت وهى اجنبية اقول يمكن ان يصلح ويقال

انت الورى وابو الانام محمد

وقال فى قصيدة يمدح بها عبيد الله بن خراسان

من كل ابيض وضاح عمامته كانما اشتملت نورا على قبس

قال الواحدى الوضاح الواضح الجبهة ثم الكلام ثم ابتدر فقال عمامته كانها

مشتملة على شعلة نار لنور وجهه واشراق لونه اقول لم يشرح الواحدى معنى النور

على القبس والظاهر انه يريد ان عمامته لبياضها اشتملت على نور فوق شعلة من النار يعنى

عمامته نور على نور هو وجهه ثم الاشتمال يتعدى بعلى على ما فى لوامع النجوم والقاموس

والمتنبى

والمتنبي حذف الحرف الجار وتمكين ان يصلح ويقال ﴿كأنما اشتملت نوراً على قبس﴾

نوراً حال من ضمير اشرقت وقد تقدم ان الواحدي جعل جملة عمامته

الى آخرها ابتداء ويحتمل ان تكون صفة بوضاح

وقال وهو مطلع قصيدة يمدح بها محمد بن رزيق الطرسوسي

هذي برزت لنا فهجت رسيسا ۰ ثم انصرفت وما شفيت نسيسا

برزت ظهرت والرسيس حركة الشيء والرسيس مارس اي ثبت في القلب من الهوى

النسيس بقية الروح يقول ايها الحبيبة ظهرت لنا فحركت ما في قلبنا من

هواك ثم انصرفت عنا ولم تشف بقية الروح قال الثعالبي ولابي الطيب ابتداآت

ليست هي لعمري من احرار الكلام بل هي مستبشعة لا يرفع السمع لها حجابه

ولا يفتح القلب لها بابه ثم ذكر مطلعه الذي مضى ثم قال فانه لم يرض

بحذف علامة النداء من هذي وهو غير جائز عند النحويين حتى ذكر

الرئيس والنفيس فاخلا بطرفي الثقل والبرد والقول يمكن ان يعالج حذف

حرف النداء ويقال بي انت لحت لنا فنجت رئيسا

ولما وصلت الى تحرير هذا المقام شار خاطري ان انظم مطلعا في هذا الروي

فقلت اني طبيب كي يصون لثنيا — من لي على اوج السماء لعيسى

وقال في القصيد

بيضاء يمنعها التكلم دلها — تيها ويمنعها الحباء تميسا

اراد ان تتكلم وان تميس فحذف ان وابقى عملها كقول طرفة

الا ايهذا الزاجري احضر الوغى — وان اشهد اللذات هل انت مخلدي

اراد ان احضر الوغى فحذف ان ويدل عليها ما عطفه عليها وهو ان اشهد

ولا يخفى ان الجملة المصدرة بان لكونها في تاويل المفرد تقع في موضع

المفرد فيستحسن حذفها في المواضع المقررة كان تقع بعد حتى ولا يستحسن في

غير تلك المواضع بل لا يجوز للقادر على التصرف في الكلام و المالك لا عنة الاقلام ان يحذفها و ان جار على سبيل الشذوذ فعليه ان ياتي بكلام لا يحتاج الى التاويل و لا يفتقر الى التعديل و انما اضطر الى حذفها في بيت المتنبي لكون روى القصيدة منصوبا و قوله بيضا زائد لا فائدة ههنا في وصف المحبوبة بهذه الصفة و لا دخل له في معنى البيت فاسقاطه خير من ابقائه و قوله فيها مفعول له او تميز و الدل و التيه شئ واحد فيكون المعنى يمنعها الدل ان تكلم دلالا و فساده ظاهر و يمكن ان يصلح و يقال

منع الدل لل ان تكلم صبها　　منع التخفر ان ترى و تميسا

التخفر من الخفارة و هي شدة الحياء

و قال في مدح العميد

ملك اذا عاديت نفسك عاده　　و رضيت اوحش ما كرهت انيسا

يعني اذا عاديت نفسك ورضيت اوحش الاشياء المكروهة عندك اتيًا
وهو الموت فعاده حذف الفاء عن الجزاء ضرورة ويمكن ان يصلح ويقال

ان ترض نفسك ان تذل فعاده   او ترض اوحش ما كرهت اتيًا

والمعنى انك ان رضيت نفسك ان تحيى ذليلا او تقتل فعاده

وقال في قصيدة يمدح بها عبيد الله بن يحيى البحتري

بمن تضرب الامثال ام من اقيسه   اليك واهل الدهر دونك والدهر

المثل يضرب بين شيئين متماثلين من وجه يقول اذا لم يكن لك مثل
بل تكون انت اعلى واشرف من كل شيء فبمن يضرب لك المثل وبمن
اقيسه عليك فانك فاقت الدهر واهله كلهم دونك قال الواحدي انما وصل
القياس بالى لان فيه معنى الضم والجمع كانه قال بمن اضمه اليك في الجمع
بينكما والموازنة اقول تجيء صلة القياس بعلى ويصلح اضمه ان يقوم مقام اقيسه

فلو كان

فلو كان المتنبي يقول اقليه عليك او اضمه اليك لما احتاج الى ان

يجعل اقليس بمعنى اضم بتصحيح الصلة ثم اضرب الامثال اولى من يضرب

الامثال لموافقة اقليه

وقال يمدح اخا عبيد الله المذكور

ما الشوق مقتنعاً مني بذا الكمد — حتى اكون بلا قلب ولا كبد

ما ذا الا لاقامة الوزن ويمكن ان يصلح ويقال

ما الشوق مقتصراً مني على الكمد ؛

والمتنبي عاشق لذا يستعملها في كلامه كثيرا قال ابن جني في شرح قول

المتنبي يخاطب ابا محمد الحسين حين غنى مغن في مجلسه

ما ذا يقول الذي يغني — يا خير من تحت ذي السماء

شغلت قلبي بلحظ عيني — اليك عن حسن ذا الغناء

قلت للمتنبي في بعض ما كان يجري بيني وبينه تستعمل ذا و ذي في شعرك كثيرا فامسك قليلا ثم قال ان هذا الشعر لم يعمل كله في وقت واحد قلت له صدقت الا ان المادة واحدة فامسك

انتهى كلامه ومن اشعاره المشتملة على ذا

قوله

بها الجبلان من فخر وصخر　　　انافا ذا المغيث وذا اللكام

وقوله

قد الف البين منك البين اجفانا　　　تدمى والف في ذا القلب احزانا

وقال في تلك القصيدة

مازال كل هزيم الودق ينحلها　　　والسقم ينحلني حتى حكت جسدي

ضميرها راجع الى الديار التي في البيت المتقدم والودق المطر الشديد

قال

قال الواحدی اراد كل سحاب هزيم الودق وهو الذی لا يستمسك

كانه منهزم عن مائه واكثر ما يستعمل الهزيم والمنهزم فی صفة السحاب

وهو الذی لرعده صوت يقال سمعت هزمة الرعد ولا يستعمل

فی صفة الودق اقول لو كان المزن وهو بالضم السحاب الابيض

او الغيم مكان الودق لسلم عن الاعتراض

وقال وهو مطلع قصيدة يمدح بها مساور ابن محمد الرومی

جللا كما بی فليك التبريح اغذاء ذا الرشا الاغن الشيح

جللا مفعول له وهو الامر العظيم والتبريح الشدة والاغن الذی فی

صوته غنة توصف بها الظباء وهی من الصفات المحمودة قال نصيب

وكان مقلتها حين تتلع جيدها رشا اغن من الظباء ربيب

لا يخفی ما فی المصراع الاول من تقديم المفعول له والفصل بينه وبين

فعلہ یلمابی و حذف نون فلیک و قد اطال الکلام ابن جنی و
الواحدی فی توجیہ حذف النون لما ذکرہ مخافۃ الاطالۃ و معنی
المصراع الاول اذا کان احد فی شدۃ فلیکن کما انا علیہ تعظیماً
لما ہو بی من الشدۃ و معنی المصراع الثانی اغذاء ہا الرشا الشیخ ما و ہو
استفہام انکاری یرید ان الرشا الذی یہواہ النبی لا وحشی
یتغذی بالشیخ و ظاہر ان لا التیام بین المصراعین و ہو من الواجبات
و قد سعی الشراح فی الالتیام بینہما سعیا جمیلا و مثلہ کمثل خیط نقضم
بضمیین فیعقدان و یجعلان خیطا واحدا لکن تحصل العقدۃ بینہما و
قد اتی لکلمۃ ذا فی المصراع الثانی علی جریان عادتہ و یمکن ان
ترا ان الامور الثلاثۃ من المصراع الاول و کلمۃ ذا من المصراع الثانی
و یقال سہ

یکن

ليلي كما بفؤادي التبريح — أغنّاء عفراء الأبيرق شيح

أما الالتيام بين المصراعين فهو نصيب الأعداء ولمارأيت حالة المتنبي

نظمت بهذا المطلع

كلف بفيفاء الغزال طريح — أيمراحيانا عليه سنيح

فيفاء الغزال موضع بمكة حيث ينزل منه الى الأبطح والسنيح الظبي المار عن

يمينك يتفاءل به

وقال في هذه القصيدة

رمى ومارمتا يداه فصابني — سهم يعذب والسهام تريح

صاب السهم الهدف اصاب يقول رماني بلحظه ولم يرمني بيده

وهو سهم يعذب والسهام المعروفة تقتل فتريح قال ابن جني كان

ينبغي ان يقول ومارمت يداه ولكن قال رمتا على حد قولك

فاما ضواك اقول يمكن ان يصلح ويقال

ورمى ومارمت اليدان فضابني

وقال في هذه القصيدة

مرجى منفعة مخوف اذية مغبوق كاس محامد مصبوح

قال الواحدي المغبوق الذي يسقى بالعشي والمصبوح الذي يسقى بالصباح وحقه ان يقول مغبوق الكاس محامد فحذف البارد اضاف المغبوق اليه وليس بالوجه والمعنى انه يحمد في كل وقت فكانه يسقى كاس المحامد غبوقا وصبوحا اقول يمكن ان لا تحذف البارد ويقال

مرجو منفعة مخوف اذى ومغبوق بكاس محامد مصبوح

وقال في هذه القصيدة

هذا الذي

هذا الذی خلت القرون وذکره وحدیثه فی کتبها مشروح

اتی بصیغۃ الماضی فی مقام المستقبل للجزم بوقوعه یعنی یبقی ذکره

الی ابد الآباد وقال الواحدی لم تقل مشروحان لان الذکر والحدیث

واحد اقول یمکن ان یحترز عن التوجیه ویقال شلا

هذا الذی خلت القرون وذکره بتمامه فی کتبها مشروح

وقال فی هذه القصیدة

نفدیک من سیل اذا سئل الندی هول اذا اختلطا دم ومسیح

المسیح العرق وانما یختلطان فی الحرب قال الواحدی یقول انت عند العطا

سیل وعند الحرب هول تهول اعدائک وقال اختلطا والوجه

اختلط اقول یمکن ان یحترز عن التثنیة ویقال

هول اذا یجری دم ومسیح ؛؛

مقال في قصيدة مطلعها

متعود لبس الدروع بخالها — في البرد خزا والهواجر لاذا

الخز ثوب معروف من الابريسم وهو لباس ايام البرد والهواجر جمع هاجرة وهي نصف النهار واللاذ ثوب رقيق من الكتان وهو لباس ايام الحر ومعنى البيت ظاهر قال ابن جني والواحدي في هذا البيت عطف على معمولي عاملين مختلفين لانه عطف الهواجر على البرد واللاذ على الخز وذلك لا يجوز الا على قول الاخفش على انه قد حكى عنه الرجوع عن هذا قال ابو بكر السراج اجماع على انه لا يجوز مر زيد بعمرو وبكر خالد اقول يجوز هذا العطف اذا قدم المجرور واخر المرفوع او المنصوب لما صرح به النحاة والمتنبي قدم المجرور فكلامه صحيح

وقال فی قصیدة یرثی بها محمد بن اسحق التنوخی

ومرائت کُلّاً ما یعلل نفسه بتعلة والی الفناء یصیرُ

التعلة من التعلیل وهو تطییع النفس بشیئ وما فی قوله ما یعلل زائدة للتوکید

لکنها موهمة للنفی المفضی الی فساد المعنی اقول یمکن ان یصلح ویقال

کل امرءٍ منّا یعلل نفسه

وقال فی هذه القصیدة

أمجاور الدیماس رهن قرارة فیها الضیاء بوجهه والنور

الدیماس بالفتح الحفرة المظلمة والقرارة کل موضع یستقر فیه شیئ اراد

بهما القبر اقول لا یخفی ان النور کاف للمعنی وللقافیة والضیاء زائد

ویمکن ان یصلح ویقال فیها لطلعته البهیة نور

وقال فی هذه القصیدة

فيه السماحة والفصاحة والتقى والبأس اجمع والحجى والخير

فيه سناد الحذو اى تعاقب الفتحة مع الضمة والكسرة قبل الردف وهو من عيوب

القافية اقول يمكن ان يصلح ويقال والبأس والانذار والتبشير

اى الانذار للاعداء والتبشير للاحبار

وقال فى عبد المقصد

طار الوشاة على صفاء ودادهم وكذا الذباب على الطعام يطير

اختلف الشراح فى معنى هذا البيت ونقل الواحدى اقوالهم فى شرحه اقول

يمكن فى معناه انه يقال يبالغ فى صفاء ودادهم ويريد انه وصل صفاء

ودادهم الى حد رغب الوشاة فيه وتمنوا ان يرزقوا منه نصيبا ويعاملوا بين

احبائهم بمثل هذا الوداد ويؤيده قول القائل

وجل قذى فاستحلوا منه حلقه ان الذباب على الماذى وقاع

المائدة

المناجلة المفاخرة والمآذى العمل

وقال:

لای صروف الدهر فيه نعاتب وای رزایاه بوتر نطالب

الوتر العداوة واللام فی لای زائدة لان العتاب يتعدى بنفسه

اقول يمكن ان يصلح ويقال سه الا ای آفات الزمان نعاتب

وقال فی هذه القصيدة

وعرض انا شامتون بموته والا فزارت عارضيه القواضب

ضمير عرض للعدو ای تهمنا العدو وعرض بانا شامتون بموت المرثى

المصراع الثانی حكاية عن قول المعرض يدعو على نفسه كانه قال هاهم شامتون

بموته وان لم يكن الامر على ما اقول زارت عارضى ای جانبی لحيتى السيوف

ای اقتل بها قال الواحدی حقه ان يقول عرض بانا شامتون ولكنه حذف

البناء على ارادة الذكر كانه قال ذكرنا ثابتون بموته [illegible] ان يحذف

الحرف الجار مع ان المخففة وان المشددة قياسا وهذه قاعدة مشهورة

مذكورة في كتب النحو

فصل [illegible]

وننكر موتهم وانا سهيل طلعت بموت اولاد الزناء

سمعت من بعض الثقات ان اولاد الزناء عبارة عن الحشرات التي

تحدث في النباتات ايام المطر لانها لا خير فيها وتضر بالنباتات

واذا طلع سهيل ينقضي ايام المطر وتموت الحشرات وهذا امر مقرر

نشاهده كل عام وبهذا التقرير تبين معنى البيت وقد نظم هذا المعنى

شعراء الفرس كخاقاني الشرواني والشيخ نظامي الكنجوي وهما من فحول

شعراء العجم وقال الواحدي في شرح البيت والعرب تزعم ان سهيلا

اذا طلع وقع الوباء في الارض وكثر الموت يقولون يا سهيل طلعت على

اولاد الزناء خاصة اي انهم يموتون حسدا اي انتهى كلامه اقول

الظاهر ان الوباء لا اختصاص له باولاد الزناء من الانسان وايضا

سهيل يطلع كل عام ولا يقع الوباء كل عام وموت الحشرات عند

طلوع سهيل يقع في كل عام وقول الواحدي انهم يموتون حسدا

خلاف غرض المتنبي لان غرضه ان سبب موت اولاد الزناء نفسه

لكونها سهيلا وقول الواحدي يقتضي ان يكون سبب موتها الحسد

والله اعلم

وقال ايضا

فتاة تساوى عقدها وكلامها ومبسمها الدري في الحسن والنظم

ونكهتها والمندلي وقرقف معتقة صهباء في الريح والطعم

النكهة رائحة الفم والمندلي العود الذي يتبخر به والقرقف الخمر وفي هذه الاشياء انما هو في الرائحة لا الطعم لان النكهة لا طعم لها والعود مر المذاق قال الواحدي استقام الكلام الى ذكر الريح ثم احتاج الى القافية والى اقامة الوزن فذكر الطعم فافسد اقول يمكن ان يصلح ويقال

ونكهتها والمندلي وقرقف ‖ عتيق وماء الورد والمسك في الشم

وقال في هذه القصيدة

برتني السرى بري المدى فرددنني ‖ اخف على المركوب من نفسي جرمي

قال الواحدي انث السرى على انها جمع سرية وبري المدى مصدر مضاف الى الفاعل اي كما يبري المدى وهي السكاكين يقول اذهبت السرى لحمي فجعلتني في خفتي على المركوب كنفسي الذي يخرج من فمي وابدل جرمي من الضمير المفعول في رددنني هذا على رواية من روى اخف بالنصب

وانما ابدل جرمی من الضمیر لاثبات الوزن واقامة القافیة والا فقد

تم المعنی دونه ومن روی اخف بالرفع فهو خبر لمبتدء موخر وهو جرمی

والجملة فی موضع نصب علی الحال اقول رفع اخف اخف من

نصبه لان جرمی فی هذه الصورة لا یقع حشوا لکن لابد فی الجملة الحالیة

من الواو علی الاصح ویمکن ان یصلح ویقال

واخفی علی المرکوب من نفسی جرمی

لا یخفی ان فی اخفی زیادة مبالغة کما یقول المتنبی

کفی بجسمی نحولا اننی رجل لولا مخاطبتی ایاک لم ترنی

وقال یخاطب علی ابن ابراہیم التنوخی وهو شرب الخمر

مرتک ابن ابراهیم صافیة الخمر وهُنِّئْتَهَا من شارب مسکر السکر

معنی مسکر السکر انه یغلب السکر والسکر لا یغلبه فحالة اسکر السکر قال الواحدی

في قوله مرتك نوعان من الضرورة احدهما انه كان يجب ان يقول
امرتك لانه انما يقال مرتك اذا كان مع نهاك فاذا افردوا قالوا
امرني الطعام لا مرني والآخر انه حذف همزة مرتك اقول
يمكن ان يصلح ويقال ١ ألا امرئك اليوم صافية الخمر

قال وهو مطلع قصيدة يمدحه بها

احاد ام سداس في احاد ‏ ‏ ‏ ‏ لييلتنا المنوطة بالتنادي

الليلة تصغير ليلة واطالوا الكلام في شرح المصراع الاول وهو شيء
تمجه الاذان الكريمة قال الصاحب ابن عباد وهذا الكلام المكلل درطانة
الزط وما ظنك بممدوح قد تخثر للسماع من مادحه فصك سمعه بهذه
الالفاظ والمعاني المنبوذة اي هزة تبقى هناك واي اريحية تثبت
بهما انتهى كلامه الحكل بالضم ما لا يسمع صوته كالذر الرطانة بالفتح

١ الكلام

الکلام بالاعجمية الرزة بالضم جبل من الهند معرب حيث حك الشئ ضربه

شديداً اقول لما رأيت بشاعة مطلع المتنبي احببت ان انظم مطلعاً

فی ہذا الروی فقلت مطلعين

احدهما

اتعجب يا صاحبی من شهادی الم تر ليلنی يوم التنادی

ثانيهما

ادی شهيا تواردت فی الآماقی كقطر الماء ينزل فی المزاد

وقال فی ہذہ القصيدة

كان بنات نعش فی دجاها خرائد سافرات فی حداد

الخرائد جمع خريدة وهی شديدة الحياء والسافرات من سفرت المرءة

كشفت عن وجهها والحداد بالكسر ثياب سود تلبس فی المصيبة والحزن

ظاہر قال ابن جنی کان سبیله لما اراد بیاض النجوم فی سواد اللیل

ان یذکر جواری ببضاد الخزد لیس من البیاض فی شئ القول

یمکن ان یصلح ویقال ؎ صبیحات سوافر فی حداد ؛؛

قال وہو مطلع قصیدۃ یمدحہ القابہا

مُلِثّ القطر اَعْطِشْها ربوعا والا فاسقها السم النقیعا

الملث الدائم المقیم یخاطب السحاب ویقول ایہا السحاب الدائم القطر

اعطشها من الربوع ای لاتسقہا وان لم تعطشها فاسقها

السم النقیع مکان الماء طلب الاسارۃ فی حق الربوع من شان العاشق

علی مراحل ومن ثم قال الثعالبی ہو من ابتدائاتہ الشنیعہ التی

تنکرہا الاسماع ولی قصیدۃ من الدیوان الاول عارضت بہا

المتنبی فی اسلوب الابتداء مطلعہا ہذا

ابلغ

ايلمع لا ترأم تلك الربوعا ... والا فاسقها ماء نجوعا

اليلمع البرق الكاذب الذى لاماء به والنجوع كصبور الماء الزاكى الهنى الكثير

وقال فى قصيدة يمدحه الضيابها

تألَّمَ درزه والدرز لين ... كما تألم العضب الصَّنيعا

قال الواحدى التألم كالتوجع وهو لازم يقال تألمت بهذا ولا تألمت منه عداه بها ضرورة والدرز موضع الخياطة من الثوب والصنيع المصقول يصف نعومة بدنها وانها تتوجع اذا اصابها موضع الخياطة من ثوبها مع لينه كما يتوجع من السيف اقول هذا البيت لا يقبل الاصلاح الا ان يصانع المعنى فى قالب آخر ويقال

تأذى بالدروز كما تأذى ... اذا تستعمل العضب الصَّنيعا

تاء ذي صيغة المضارع حذفت منها التاء الاولى كما في تنزل
الملائكة وليثة الدرز من اجلى البديهيات لا حاجة الى ذكرها
وقال يمدح المغيث بن علي بن بشر العجلي وهو من مخالصه المشهورة

مرت بنا بين تربيها فقلت لها ... من اين جانس هذا الشادن العربا
فاستضحكت ثم قالت كالمغيث يرى ... ليث الشرى وهو من عجل اذا انتسبا

اقول معنى هذا المخلص من الغرائب لكن عبارته غير جيدة فيها نظرات
الاول ان خلاصة معناه التعجب من مجانسة الحبيبة للشادن
مع كونها بشرا اذ اراد من العرب انها من جنس البشر كما ادعى
عجل ان المغيث من جنس البشر وازالة هذا التعجب بايراد مثل هذه
المجانسة بين المغيث وليث الشرى ولا دخل في هذا المعنى لمرور
الحبيبة بين تربيها فلا طائل في ذكره الثاني انه قال من اين

جانس

جانس ہذا الشادن العرب وحقه ان یقال من این تجانس

الجبیبة الشادن کما قال فی المغیث انه یری لیث الشری ومن

ثم فسر الواحدی ہذین البیتین وقال کما ان المغیث یری

اسدا وہو من عجل لذلک انا اری ظبیا وانا غریبته الثالث عدم

المطابقة بین المشبه والمشبه به لما مر الرابع انه اراد بالعرب الجبیبة وہی

غیر معهودة بین الشعراء اضطر الیها لاجل القافیة الخامس ان جملة

اذا انتسبا ذائدة لا جدوی فیها الا القافیة السادس انه خاطب

الجبیبة بلفظ الغیبة حیث قال فقلت لها من این جانس ہذا الشادن

العرب وحقه ان یقال فقلت لها من این تجانسین الشادن

ویمکن ان یصلح ویقال

لقد سالت سلیمی وهی من اسد ٭ تجالسین غزالا ینتمی العربا

فاستضحكت ثم قالت كالمغيث يرى ليث الشرى وهو من عجل فلا عجبا

اسد علم قبيلة مشهورة وانما فرضت سليمى من اسد لمقابلتها بكون المغيث من عجل

وقال: هذه القصيدة

لو قد فمنى ما شئت تبلوه فكن معاديه او كن له نشبا

النشب المال يقول احذر ولا تحم حوله بالمعاداة فان اردت اختباره فكن عدوه او مالاله فترى ما لفعل بك من الاضاعة ولا يخفى ان تحريك الواو فى قوله تبلوه واجب لاستقامة الوزن فاضطروا الى تقدير ان لتنفتح الواو وقد مر بحث تقديران فى القصيدة السينية اقول يمكن ان يصلح ويقال

لو قد فمنى ما تبلوه سفها فكن عدواله او كن له نشبا

السفر محركة السفاهة

وقال في هذه القصيدة

و لا يرد بفيه كف سائله — عن نفسه ويرد الجحفل اللجبا

الجحفل الجيش العظيم واللجب الجيش الذي فيه اصوات لكثرته اقول

لا ينبغي ههنا قيد فيه ليشمل القول والفعل كالرد بالاشارة ولفظ

كف زائد لا حاجة اليه كما في قوله تعالى واما السائل فلا تنهر و

يمكن ان يصلح ويقال

و لا يرد على العلات سائله ؛ على الحالات اي على كل الحالات

وقال في هذه القصيدة

وكلما لقي الدينار صاحبه — في ملكه افترقا من قبل يصطحبا

يعني كلما ملك الدينار اعطاه قبل الاخذ وادار من قبل ان يصطحبا

فحذف ان وابقى عملها اقول يمكن ان يصلح ويقال

فتاب الاقامة عند الحازن اعتزبا

وقال وهو يجانس مصدقصيدته

بها الجبلان من فخر وصخر ٭ اناف ذا المغيث وذا اللكام

ضمير بها عائد الى الارض التي في البيت المتقدم واناف اى اشرفا وطالا واللكام كغراب جبل بتلك الارض والمغيث هناقوا لا حاجة في معنى البيت الى اناف والى ذا الاعلى المغيث ولا على اللكام وانما هي لاقامة الوزن ويمكن ان يصلح ويقال

بها الجبلان من فخر وصخر ٭ هما خلف ابن بشر واللكام

وقال في هذه القصيدة

فنيل انت انت وانت منهم ٭ وجدك بشر الملك الهمام

قال الواحدي اراد قبيل انت منهم وانت انت في علو قدرك يعني اذا
كنت انت منهم وجدك فكفاهم بذلك فخرا وقد اخر حرف العطف
في قوله انت انت وانت وهو قبيح جدا وهذا كما تقول قامت زيدا
وهند وانت تريد قامت هند وزيد اقول يمكن ان يصلح ويقال

وجدك بشر الملك الفياض منهم   وانت وانت انت ابا الهمام

ضمير هم راجع الى القبيل المذكور في البيت المتقدم

وقال في قصيدة يمدح بها احمد النفيسي الملالي

نفكره علم ومنطقه حلم   وباطنه دين وظاهره ظرف

هذا الوزن للضرب الاول من الطويل وهو على علاته يجيئ مقبوض العروض
والمتنبي جاء بها بدون القبض قال الواحدي لو قال منطقه هدى او
تقى صح الوزن

وقال في قصيدة يمدح بها علي ابن منصور الحاجب

كيف الرجاء من الخطوب تخلصا | من بعد ما انشبن في مخالبا

تخلصا مفعول للرجاء واعمال المصدر مع اللام قليل اقول يمكن

ان يصلح ويقال ؎ اارو من ايدي الخطوب تخلصا

وقال في هذه القصيدة

كرما فلو حدثته عن نفسه | بعظيم ما صنعت لظنك كاذبا

قال الواحدي يعني كرم كرما ثم قال فلو حدثته بعظيم ما صنعت نفسه لكذب

استعظاما له وقد اساء في هذا لانه جعل الممدوح يستعظم فعله وانما يحسن

ان يستعظم غيره ما فعل اقول يمكن ان يصلح ويقال

كرما فلو حدثت من هو سامع | بعلو همته لظنك كاذبا

وقال في قصيدة يمدح بها عمرو بن سليمان

ظلوم

ظلوم كمتنيها لصب كخصرها ضعيف القوى من فعلها يتظلم

قال الواحدى جعل نفسه فى الدقة كخصرها وجعل ظلمها كظلم متنيها

لخصرها ثم وصف نفسه بضعيف القوى والعادة قد جرت للشعراء

بوصف الردف بالعظم والخصر بالنحيف ولم يسمع ذكر سمن المتن وكثرة

لحمه بل يصفون النصف الاعلى بالخفة والرشاقة وهو يقول متنها

ممتلى يظلم خصرها بتكليفه حمله والفصيح فى هذا المعنى قول خالد بن يزيد الكاتب

صبا كئيبا تشتكى الهوى كما اشتكى خصرك من ردفكا

اقول يصح لكان كمتنيها كردفيها ولا يدرى لم تركها المتنبى مع ظهورها

واختار ما يرد عليه الاعتراض

وقال فى هذه القصيدة

ولا يبرم الامر الذى هو حالل ولا يحلل الامر الذى هو مبرم

قال الواحدی اظهر التضعیف للضرورة اقول یمکن ان یصلح ویقال

ولا یبرم الامر الذی هو ناقض　　ولا ینقض الامر الذی هو مبرم

الابرام فتل الحبل والنقض نقیضه علی ان الحل یطلق غالبا فی مقابلة

العقد لا الابرام

وقال فی هذه القصیدة

الی الیوم ما حط الفداء سروجه　　منذ الغزو سار مسرج الخیل ملجم

قال الواحدی قالوا انه کان یتولی فداء الاساری والمعنی انه لا

یقبل الفداء وان لا الغزو وقوله منذ الغزو الغزو مبتدا محذوف الخبر

کانه قال منذ الغزو واقع وقوله سار خبر مبتدا محذوف ای هو سار

یعنی الممدوح اقول فیه ارتکاب الحذفین ولو قیل منذ الغزو باق

لما قبیح الا الی حذف واحد ای هو مسرج الخیل وملجمها ومتهیا للقتال

ما دالت

مادامت الحرب باقية والسير يفهم من التهيأ للقتال فلا حاجة الى سار

وقال في تشبب قصيدة يمدح بها عبد الواحد بن العباس

ردى الوصال سقى طلولك عارض   لو كان وصلك مثله ما اقشعا

قال الواحدى يريد سحابا يدوم ولا يتفرق يقول فلو كان وصلك
مثله كان دائما لا ينقطع اقول العارض السحاب المعترض في الافق
وليس فيه ما يدل على الدوام فلو كانت ديمة مكان عارض لكان اولى
لان الديمة مطر يدوم ايا ما ولا بد حينئذ من تبديل الضمائر فيقال

ردى الوصال سقت طلولك ديمة   لو كان وصلك مثلها ما اقشعا

وقال في هذه القصيدة

فمتى يكذب مدع لك فوقها   والله يشهد ان حقا ما ادعى

قال الواحدى كان الوجه ان يقول ان ما ادعى حق فجعل الخبر الذى هو

نكرة في موضع الاسم ونصبه بان وجعل الاسم الموصول في محل الخبر وذلك

جائز في ضرورة الشعر [illegible] يمكن ان يصلح ويقال

سه والله شاهد صدقه فيما ادعى ❊

وقال في تشبيب قصيدة يمدح بها ابا علي [illegible] بن عبد العزيز

الاوارجي الكاتب

تشابه عينيك في حشاي جراحة فتشابها كلتاهما نجلاء

النجلاء الوسيعة توصف بها العين والجراحة قال الواحدي يقول لما

نظرت الى صورتك في قلبي مثال عينيك جراحة تشبه عينيك في السعة

ولم يقل تشابهتا حملا على المعنى لكأنه قال فتشابه المذكوران ولم يقل كلاهما بن

لان لفظة كلتى واحدة مؤنث لقوله تعالى كلتا الجنتين آتت اكلها

يمكن ان يصلح ويقال سه فتشابهتا كلتاهما نجلاء ❊

مادامت الحرب باقية والسير يفهم من التهيأ للقتال فلا حاجة الى سائر

وقال فى تشبيب قصيدة يمدح بها عبد الواحد بن العباس

ردى الوصال سقى طلولك عارض لو كان وصلك مثله ما اقشعا

قال الواحدى يريد سحابا يدوم ولا يتفرق يقول فلو كان وصلك

مثله كان دائما لا ينقطع اقول العارض السحاب المعترض فى الافق

وليس فيه ما يدل على الدوام فلو كانت ديمة مكان عارض لكان اولى

لان الديمة مطر يدوم ايا ما ولا بد حينئذ من تبديل الضمائر فيقال

ردى الوصال سقت طلولك ديمة لو كان وصلك مثلها ما اقشعا

وقال فى هذه القصيدة

فمتى يكذب مدع لك فوق ذا والله يشهد ان حقا ما ادعى

قال الواحدى كان الوجه ان يقول ان ما ادعى حق فجعل الخبر الذى هو

نكرة في موضع الاسم ونصبه بان وجعل الاسم الموصول في محل الخبر وذلك

جائز في ضرورة الشعر يمكن ان يصلح ويقال

ـ والله شاهد صدقه فيما ادعى ؛

وقال في تشبيب عقيلة يمدح بها ابا علي احمد بن عبد العزيز

الاول من الكامل

شكّت عينك في حشاي جراحة ‍ ‍ ‍ ‍ فتشابها كلتاهما نجلاء ؛

النجلاء الوسيعة توصف بها العين والجراحة قال الواحدي يقول لما

نظرت الى صورتك في قلبي مثال عينيك جراحة تشبه عينيك في السعة

ولم يقل تشابهتا حملا على المعنى كانه قال فتشابه المذكوران ولم يقل نجلاوين

لان لفظة كلتي واحدة مونث لقوله تعالى كلتا الجنتين آتت اكل

يمكن ان يصلح ويقال ـ فتشابهتا كلتاهما نجلاء ؛

وقال

وقال في هذه القصيد

فلبئت تسئد مسئدا في نيّها   اسآدها في المهمه الانضاء

الاسئاد سیر العين الاسراع والنيّ الشحم والمهمه الصحراء والانضاء مصدرانضاه

اذا هزله ومسئدا اسم فاعل وفاعله الانضاء وهو حال من ضمير ناقة في تسئد

جرى عليها بالضمير نيّها مثل مررت بهند واقفا عندها زيد واسآدها

منصوب على المصدر وهو للتشبيه والمصدر مع متعلقة اي اسآدها في المهمه

وقع بين اسم الفاعل الذي هو مسئد وهو مع متعلقه وهو في نيها وبين فاعله

الذي هو الانضاء والمعنى تبيت هذه الناقة تسرع والحال انه مسرع

في نيها الهزال كاسراعها في الصحراء قال الواحدي اقام الانضاء

مقام الهزال للقافية والانضاء فعل ابى الطيب بالناقة لانه ينضيها

وكان الاولى ان يجعل مكان الانضاء مصدر فعل لازم فيكون اقرب

الی الفهم اقول فی البیت تشبیه حسن لکن تعقید العبارة ذهبت بطلاوة

المعنی ویمکن ان یصلح بحفظ التشبیه وتبدیل العبارة مع زیادة علی الاصل

من تائید الاسراع ویقال

سرع الضنی فی جسمها اسراعها فی صفصف لبت به الحصبا

الصفصف الفلاة المستویة کما فی شرح الواحدی

وقال فی هذه القصید

من یهتدی فی الفعل مالا یهتدی فی القول حتی یفعل الشعراء

قال الواحدی من بمعنی الذی ولیت شعری ما یقول هو الذی یهتدی

فی ما یفعل من المکارم والمساعی الجسیمة الی ما لا یهتدی الیه الشعرا

فی القول حتی یفعل هو ای انما یقتدون فی ما یقولون من المدائح

بافعاله فاذا فعل هو تعلموا من فعله القول فحکوا ما فعله وکان

من همّ

من حقه ان يقول لما لا يهتدى او الى ما لا يهتدى لانه يقال اهتديت

اليه وله ولا يقال اهتديته ولكنه عداه بالمعنى لان الاهتداء الى الشيء

معرفته به كانه قال من يعرف فى الفعل ما لا يهتدى اقول يمكن ان

يصلح ويقال

من يهتدى فعلا لما لا يهتدى قولا الى ان يفعل الشعراء

وقال فى هذه القصيدة

من يظلم اللؤماء فى تكليفهم ان يصبحوا وهم له اكفاء

قال الواحدى اللؤماء جمع اللئيم يقول هو الذى يظلم اللئام فى تكليفهم

ان يكونوا امثاله لانهم لا يقدرون على ذلك وليس فى هذا مدح ثم

اصلحه الواحدى وقال لو قال الكرماء كان مدحا فاما اذا كان افضل

من اللئام ولا يقدرون ان يكونوا اكفاء فهذا لا يليق بمذهبه فى

اشارة المبالغة

وقال وهو طفل قصيدة يمدح بها بدر ابن عمار الاسدي

بقائى شاء ليس لهم ارتحالا ... وحسن الصبر زموا لا الجمالا

عبارة البيت لا محالة صحيحة لكن احسن منها هذه العبارة

بغائي لنفي بقائي لا القوم ارتحالا ... وزموا حسن صبري لا الجمالا

وقال في هذه القصيدة

جواب مسائلي اله نظير ... ولا لك في سوالك لا الا لا

قال الواحدي اي اذا سالني سائل فقال هل له نظير فجوابه لا ولا لك ايضا في سوالك نظير لان احدا لا يجهل هذا غيرك فانت في جهلك به بلا نظير ايضا ولا لك فاخر المعطوف عليه لضرورة الشعر كما قال ~ عليك ورحمة الله السلام ❊ وكرر النفي بقوله لا الا لا

اشارة الى ان جهل هذا السائل يوجب اعادة الجواب عليه اقول يمكن

ان يصلح ويقال

جواب مسائلي عن مثله لا ولا لك في سوالك لا الا لا

فيه تاكيد للنفي ثم تاكيد آخر بعد التنبيه

وقال في هذه القصيدة

يفارق سهمك الرجل الملاقى فراق القوس ما لاقى الرجالا

قال الواحدى يصف شدة نزع القوس وقوة الرمى يقول يفارق

سهمك من يلقاه من الرجال وقد نفذ فيه كما يفارق القوس ولم يلق

الرجال اى فيه من القوة بعد النفاذ فى المرمى والمروق منه ما

كان فيه حين فارق القوس اقول لا يخفى ان فراق السهم الرجل

مقابل لفراقه القوس فالسهم الذى فارق القوس هو الذى لم يفارق

الرحل فلا حاجة الى قوله مالاقى الرجال ان سوال القافية ويمكن ان

يصلح ويقال

كان سهامه تدع الحنايا   لفوتها اذا اندع الرجالا

الحنايا جمع حنية وهى القوس

وقال فيه وهو على الشراب وحوله فاكهة واترج

انما بدر بن عمار سحاب   هطل فيه ثواب وعقاب

يعنى ان السحاب فيه صواعق ورعد وبرق كذلك الممدوح فيه ثواب

لاوليائه عقاب لاعدائه اعلم ان هذه الابيات فى الرمل ولا تجئ

عروضه الا محذوفة السبب على وزن فاعلن او فعلن والمتنبى استعمل

العروض على وزن فاعلاتن او فعلاتن وهو لا يجوز الا فى المطلع

لموافقة العروض بالضرب اقول انا اصلح الابيات غير المطلع لما تقدم

انما بدر رزايا وعطايا   ومنايا وطعان وضراب

لا حاجة الى المنايا لان الرزايا تشمل المنايا   **الاصلاح**

انما بدر رزايا وعطايا   وحرب وطعان وضراب

ما يجيل الطرف الا حمدته   جهدها الايدي وذمته الرقاب

يعني لا يجيل طرفه اي لا يمد عينه الا على احسان او اساءة فتحمده الايدي حسب طاقتها لانه يملأها بالعطاء وتذمها الرقاب لانه يقطعها   **الاصلاح**

ما يجيل الطرف الا حمدت   فعله الايدي وذمته الرقاب

ما به قتل اعاديه ولكن   يتقي اخلاف ما ترجو الذئاب

يعني ما في نفسه قتل الاعادي لانه آمنهم لقصورهم عنه لكن يحذر ان يخلف رجاء الذئاب لما اعتاده من اطعامها لحوم القتلى   **الاصلاح**

ما به قتل العدى لكنه   يتقي اخلاف ما ترجو الذئاب

فله هيبة من لا يترجى و له جود مرجى لا يهاب

يعني فيه هيبة من لا يرجى منه العفو و فيه جود من يرجى و لا يُهاب

الاصلاح

فله هيبة من لا يرتجى و له جود مرجى لا يهاب

طاعن الفرسان في الاحداق شزرا و عجاج الحرب للشمس نقاب

الشزر الطعن منصوب على المصدر يصف حذقه بالطعن يعني يطعن في

احداق الفرسان اذا اظلم مكان الحرب و صار الغبار نقابا للشمس

الاصلاح

طاعن الفرسان في احداقهم و عجاج الحرب للشمس نقاب

باعث النفس على الهول الذي ليس لنفس وقعت فيه اياب

يعني يحمل نفسه على ركوب الامر العظيم الذي لا يتخلص منه من وقع فيه

الاصلاح

الاصلاح

باعث النفس على الهول الذى . ما النفس وقعت فيه ابابُ

بابى ريحك لا نرجسنا ذا واحاديثك لا هذا الشراب

قال الواحدى يريد ان ريحه اطيب من ريح النرجس وحديثه الذ من الشراب وهذا ليس مما يمدح به الرجال

الاصلاح

بابى ريحك لا نرجسنا ذا واحاديثك لا هذا الشراب

ليس بالمنكر ان برزت سبقا غير مدفوع عن السبق العراب

برّز الفرس على الخيل سبقها والعراب بالكسر الخالصة فى العربية يقول ليس بمستبعد ان برزت للسبق فان الخيل العراب غير مدفوعة عن السبق

قال ابن جنى كان الوجه ان يقول غير مدفوعة لان التقدير العراب

غير مدفوعة عن السبق كما يقول هذا غير مضروبة ولكنه ذكر ضرورة

الاصلاح

لبيان برزت امرا منكرا   تسبق الارياح في الجري العراب

شبه الممدوح بالفرس في السبق ولعله قاس على تشبيه الشجاع بالاسد

وقال في تشبيب قصيدة يمدحه بها

تشكو روادفك المطية فوقها   شكوى التي وجدت هواك دخيلا

قال الواحدي اراد شكوى النفس التي وجدت هواك دخيلا يعني العاشق
بها اقول كان حقه ان يقول شكوى الذي وجد لئلا يحتاج الى التوجيه
بالنفس كما فعله الواحدي ووجهه الشراح الآخرون بوجه آخر ويمكن ان
يصلح ويقال ــ   شكوى الذي الفى هواك دخيلا ؞

وقال في هذه القصيدة يبين حال الاسد الذي صاده الممدوح

فيقفت

قبضت منيته يديه وعنقه   فكأنما صادفته مغلولا

قال الواحدي اساء ابو الطيب في هذا حيث لم يجعل اثر للممدوح في قتل الاسد وقال كانه كان مغلول اليد والعنق بقبض المنية عليه

اقول يمكن ان يصلح ويقال — قبضت مهابتك اليدين وعنقه

وقال في قصيدة يمدحه بها

لا يستكن الرعب بين ضلوعه   يوما ولا الاحسان ان لا يحسنا

الاحسان الاول مصدر احسنت الشيء اذا حذقته والاحسان الثاني ضد الاساءة يقول هو لا يحسن ان لا يحسن اي لا يعرف ترك الاحسان واعترض الواحدي على هذا البيت وقال ان لا يحسن في محل النصب لانه مفعول المصدر الذي هو الاحسان ولو قال ولا احسان ان لا يحسن كان اقرب الى الفهم من استعماله بالالف واللام والحاق المغني

سواء فان قولك اعجبنى ضرب زيد اقرب الى الفهم من قولك اعجبنى الضرب زيدا

وقال فى هذه القصيدة

خلت البلاد من الغزالة ليلها　　　فاعاضهاك الله كيلا تحزنا

قال الواحدى الغزالة اسم للشمس يقول خلت البلاد عن الشمس للبلاد واهلها عند فقد الشمس بالليل كيلا يحزنوا وسيبويه لا يجيز تقديم ضمير الغائب المتصل على الحاضر المتصل فى مثل قولك ما الذى اعطاهوك زيد على معنى ما الذى اعطاه اياك فياتى بالضمير المنفصل ويدع المتصل وابو العباس يجيزه والصواب عند سيبويه فاعاضها اياك والشعر موقف ضرورة فيجوز فيه ما لا يجوز فى غيره اولى يمكن ان يصلح ويقال

خلت البلاد من الضحى فاعاضها　　　اياك رب الخلق كيلا تحزنا

الضحى بالفم والقصر الشمس كذا فى القاموس

وسئل عنه بعد ما لم تكن له رغبة في الخراب فقال

لم ترَ من نادمت الا كا   لا لسوى ودك في ذاكا

قال الواحدي من ههنا نكرة بمنزلة احد والاك فيه قبح لان الا

ليست لها قوة الفعل ولا هي ايضا عاملة وهو يجوز في الضرورة يقول

لم تر احدا نادمته غيرك وليس ذلك لشيء سوى ودك لي اي نادمتك

لانك تودني لا لمعنى آخر اقول لا يخفى ما في المصراع الاول من التكلف

والسقم ويمكن ان يصلح ويقال ~ ما لي مرام غير ذلفاكا ؛

ابن ليلى كمجلي القربة والمنزلة

وقال فيه

ولا لحبتها ولكنني   امسيت ارجوك واخشاكا

الحب مصدر مضاف الى الفاعل الذي هو ياء المتكلم وضميرها مفعوله قال

الواحدی کنی عن الخمر ولم یجر لها ذکر یقول لست انادمک لحب الخمر

ولکن لانک مرجو مهیب اقول یمکن ان یصح ولقال

ولا لحب الخمر لکننی

وتاب بدر من الشراب فراه یشرب فقال فیه ابیاتا منها

والصدق من شیم الکرام فنبنا   امن الشراب تتوب ام من ترکه

قال ابن جنی کان الوجه ان یقول فنبئنا ولکنه ابدل الهمزة یاء ثم حذفها

اقول یمکن ان یصح ولقال والصدق من شیم الکرام فقل لنا

وقام بدر منصرفا باللیل فقال

مضی اللیل والفضل الذی لک لا یمضی   ورویاک احلی فی العیون من الغمض

قال الواحدی کان یجب ان یقول ولقیاک لان الرویا انما

تستعمل فی المنام خاصة لکنه ذهب بالرویا الی الرویة لانها کانت

باللیل

باللیل لقوله عز وجل وما جعلنا الرؤیا التی اریناک لم یرد رؤیا المنام

انما اراد رؤیا الیقظة ولکنها کانت باللیل اقول اصلاح الواحدی

اعنی لقیاک بلا تاویل ولا شک انه اولی من المفتقر الی التاویل

وقال وهو مطلع قصیدة یمدح بها ابا الحسین علی بن احمد المری الخراسانی

لا افتخار الا لمن لا یضام　　　مدرک او محارب لا ینام

مدرک خبر مبتدء محذوف ای هو یقول لا فخر الا لمن لا تظلم بقوته ودفع

الظلم عن نفسه وهو اما مدرک ما طلب او محارب لا ینام ولا یغفل حتی

یدرک ما یطلبه قال الواحدی کان الوجه ان یقول لا افتخار بالفتح

کما یقال لا رجل فی الدار وانما یجوز الرفع مع النفی بلا اذا عطف علیه

فیرفع وینون فیقال لا رجل فی الدار ولا امرءة ولکنه اجاز بغیر عطف

لضرورة الشعر اقول یمکن ان یصلح ولیقال

بسم الله الرحمن الرحيم

وقال في هذه القصيدة

لیلها صبحها من النار والاصباح ... لیل من الدخان تمام

قال الواحدي يعني انهم مضائيف بالليل والنهار فليلهم كالصبح بضوء النار التي اوقدوها للضيفان ونهارهم كالليل من الدخان وقوله تمام اتى به لاثبات القافية فقط وتم المعنى دونه ومعناه تام في الطول وقول انما يقع تمام زائداً محضاً لاثبات القافية ومحتاجاً الى قيد الطول اذا كان بالفتح وهو يحتمل ان يكون بالكسر بمعنى اطول الليالي في الشتاء الذي يكون في آخر القوس يقال له بالفارسية يلدا بفتح التحتانية والدال المهملة فلم يكن زائداً لانه من صفات الليل والطول في ماهيته اتى به للمبالغة كانه قال ليل مظلم طويل،

وقال

وقال وهو مطلع قصيدة يمدح بها ابا عبد الله الخصيبي القاضي بانطاكية

افاضل الناس اغراض لذا الزمن   يخلو من الهم اخلاهم من الفطن

اتى المتنبي بكلمة ذا على جاري عادته ويمكن ان لا يؤتى بذا ويقال

ســ   افاضل الناس مرهونين في المحن *

وقال في قصيدة يمدح بها ابا الفضل احمد القاضي الانطاكي

مجوبة بسرادق من هيبته   تثني الازمة والمطي ذوامل

مجوبة متعلقة بالطرق المذكورة في البيت المتقدم اي الطرق اليه مجوبة
الذوامل المسرعات يقول رؤيته محجوبة بالهيبة التي لو ان مطيا قد ملت
في سيرها واعترضتها هذه الهيبة لانثنت وعدلت قال الواحدي
والبيت يدل على انه يتعذر الوصول اليه لهيبته وان هيبته ترد
عنه المطي الذوامل وهذا الى الهجاء اقرب منه الى المدح اقول

يمكن ان يصلح ويقال

ذو هيبة لو قابلت كتب العدى   تثنى الازمة والمطى ذوامل

قال وهو مطلع قصيدة يمدح بها اخا ابن الفضل المذكور

قد علم البين منا البين اجفانا   تدمى والف فى ذا القلب احزانا

منا متعلق بالاجفان ولذا تدمى ومعناها تتلوث بالدم وجعل
البين مولف الاحزان اغرابا فى الصنعة ولا يخفى ما فى عبارة
البيت من التعقيد والتكلف ويمكن ان يصلح ويقال

قد علم البين طول البين اجفانا   وبات يجمع فى الاحشاء احزانا

وللمولف قصيدة فى هذا الروى من الديوان مطلعها هذا

اهلا بذى نسيم عاد مجلانا   ومرحبا بمسيح جاء احيانا

المسيح الكثير السياحة وعيسى عليه السلام وفيه التورية

وقال

وقال في هذه القصيدة

ابى وفيسجد من بالسوء يذكرنى فلا اعاتبه صفحا واهوانا

رد الاهانة الى الاصل ضرورة ويمكن ان يصلح ويقال

فلا اعاتبه حلما وغفرانا

قال وهو مطلع قصيدة يمدح بها ابا ايوب احمد الانطاكي

سرب محاسنه حرمت ذواتها داني الصفات بعيد موصوفاتها

السرب الجماعة من النساء والظباء وحرم كنصر يتعدى الى مفعولين

كقولك حرمت زيدا الملاقات وسرب مبتدء ومحاسنه مبتدء ثان

وحرمت ذواتها خبر عنه والجملة خبر عن المبتدء الاول كقولك قوم

مناقبهم كثرت اعداؤها قال الواحدى اضاف ذوات الى

المضمر ولا يجوز ذلك عند سيبويه البتة واصحابه لا يجيزون ان تقول

هذا رجل ضربت ذاه اي صاحبه واجاز ذلك ابو العباس

المبرد اقول الذوات ههنا مقابلة للصفات بقرينة المصراع الثاني

لا جمع ذات التي هي بمعنى الصاحبة ولا تضاف الى المضمر يقول

صفات تلك السرب دانية مني وموصوفاتها اللواتي هن السرب

بعيدات عني وحاصله ان السرب بعيد مني وذكره حاضر

وقال في هذه القصيدة

العارفين بها كما عرفتهم والراكبين جدودهم امانها

ضمير بها للجياد المذكورة قبل يعني هم يعرفون الخيل والخيل تعرفهم و

جدودهم كانوا من ركاب الخيل اي انهم عريقون في الفروسية طالما

ركبوا هذه الخيل اللتي يركبونها ركبت جدودهم امهاتها قال الواحدي

كان الوجه ان يقول الراكب جدودهم كما تقول مررت بالقوم

القائم

القائم اخوهم احول يمكن ان يصلح ويقال

ولهم جد ودد اكبوا ما نها ٭ س

وقال في قصيدة يمدح بها علي بن احمد الانطاكي

وليل وصلناه بليل كانما   على افقه من برقه حلل حمر

قال الواحدي الضمير في افقه يعود الى الليل ولايكون لليل افق

انما اراد افق السماء في ذلك الليل احول يمكن ان يصلح ويقال

عليه برقه لمع حلل حمر ٭ س

وقال في هذه القصيدة

اليك طعنا في مدى كل صفصف   بكل وأة كل ما لقيت نحر

المدى الغاية والصفصف الفلاة المستوية والواة الناقة القوية

جعل سيرها طعنا والفلاة نحرا يعني سرت نافذة كما ينفذ الطعن في النحر

فكانه رمح وكان الصفصف ومداه بحر قال الواحدي لو امكنه

لقال مالقيته من المفازة فيظهر المعنى اقول يمكن ان يصلح ويقال

بكل بعير كل ماجاء به بحر

وقال في هذه القصيدة

لساني وعيني والفؤاد وهمتي اود اللواتي ذا اسمها منك والشطر

المصراع الثاني لامعنى له وما اورده الشراح في تفسيره لا يشفي الطبع السليم

فرايت تركه اولى من ذكره قال الواحدي ناقلا عن ابن

فورجة الغرض في هذا التعمية فقط والا فما الفائدة في هذا

البيت مع ما فيه من الاضطراب اقول لابد من تبديل المصرع

الثاني فيقال مثلا

لساني وعيني والفؤاد وهمتي علت بك في افعالها ملك الشكر

وقال

قال وهو مطلع قصيدة يمدح بها علي بن محمد بن سيار التميمي

اقل فعالي بله اكثره مجدُ وذا الجد فيه نلت او لم انل جدُّ

بله من اسماء الافعال بمعنى دع والجِد بالكسر الجهد والجد بالفتح الحظ يقول

اقل فعالي مجد دع اكثره لانه اذا كان اقل فعالي المجد فاكثره لا محالة

مجد فاذا عرفت كون الاقل مجدا اغناك ذلك عن تعرف الاكثر

ومعنى المصراع الثاني الجد في طلب المجد حظ لي نلت ما اطلبه او لم

انله لاني بعلو همتي لا ابالي بفوته بل احسب اني وجدته اقول كلمة

ذا زائدة اتى بها المتنبي على جاري عادته ويمكن ان يصلح ويقال

وجدي فيه نلتُ او لم انل جدُّ

وقال في هذه القصيدة

اذم الى هذا الزمان اهيله فاعلمهم فدم واحزمهم وغدُ

الفدم بفتح الفاء العي والوغد بالغين المعجمة اللئيم الضعيف اراد انه اذا كان

الا علم فدما فكيف الجاهل قال الواحدي كان من حقه ان يقول فانطقهم

فدم لان الفدامة لا تنافي العلم

وقال في هذه القصيدة

مضى وبنوه وانفردت بفضلهم　　　　والف اذا ما جمعت واحد فرد

ضمير بنوه يعود الى سيار جد الممدوح المذكور في البيت المتقدم يقول مضى

سيار ومضى بنوه وهم اخوة الممدوح وانفردت بفضلهم وورثت فضائلهم

ولم يفقد الا شخوصهم والاعتبار للفضائل لا للشخوص ثم يؤيده ويقول

الف شيء اذا جمعت حتى صارت شيئا واحدا فهو في الظاهر واحد وفي المعنى

الف قال الواحدي عطف بنوه على الضمير في مضى من غير ان يظهره

وهو عيب وكان من حقه ان يقول مضى هو وبنوه اقول يمكن ان يصلح ويقال

مضى مع بنيه والفرزدق بعضهم *

وقال في هذه القصيدة *

وما عشت ما ماتوا ولا ابواهم　　تميم ابن مرو ابن طابخة اد

تميم ابن مرو ابن طابخة قبيلتان اليمانية نسب الممدوح يقول ما كنت حيا لم يغب عنا احد من هولاء لان جميع محاسنهم موجودة فيك قال ابن جني كان الوجه ان يقول وما عشت فما ماتوا الا انه حذف الفاء ضرورة اقول يمكن ان يصلح ويقال ــ وما عشت لم يقضوا ولا ابواهم *

وقال في قصيدة يمدح بها علي بن صالح الروذباري

وانثني عني الرديني حتى　　دار دور الحروف في هواز

قال الواحدي اي انعطف عني الرمح والتوى على نفسه التواء الحروف المذكورة في هواز كالهاء والواو والزاي والالف زائدة ولو امكنه ان يقول

هو نكان احسن الاقول لو اقيمت من التبعيضية مقام في وقيل

ه دار دو ر الحروف من هواز ◆

فبقيت الحروف المدورة من هواز وخرجت الالف وسلم البيت

من الخلل وحاصل البيت انه لما اعتصمت بالممدوح الموطف عني رحم

الاعدار ولم يعمل رفي

وقال في تشبيب قصيدة يمدح بها الحسين بن علي الهمداني

سهاد اتانا منك في العين عندنا رقاد وقلام رعي سربكم ورد

القلام بالقاف كزنار القاقلي وهو نبات كالاشنان مالح ترعاه

الابل والسرب المال الرعي لقول السهاد اذا كان لاجلكم رقاد في

الراحة والقلام على خبث رائحة اذا رعته ابلكم ورد اقول كون

السهاد رقاد الاجل الحبيب عند العاشق معنى حسن مناسب لحال العاشق

اما كون

اما کون القلام وردا عند اهل الاخبار فهو معنی غیر مناسب بالمقام والمناسب
ان یذکر معنی مناسب لحال العاشق لا لحال الابل وان کانت منه
کما یقال

سهاد اتانا منکم فی عیوننا . رقاد وسم نالنا منکم شهد

وقال فی هذه القصیدة

وان عشقت کانت اشد صبابة وان فرکت فاذهب فما فرکها قصد

یقال فرکت المرأة زوجها ابغضته قال الواحدی یقول اذا عشقت
المرأة الحسناء کان عشقها اشد من عشق الرجال لانهن ارق طبعا و
اقل صبرا واذا ابغضت جاوزت الحد ایضا فی البغض ولم یکن ذلک
قصدا وقوله فاذهب حشو اتی به لاتمام الوزن ومعناه لا تطمع فی حبها
اذا فرکت واذهب بشانک القول یمکن ان یصلح ویقال

وان فركت فاعذر فمما فركها قصد

وجه العذر ان فركها من غير قصد لكونها مجبولة عليه لا اختيار لها في
صدوره عنها

وقال يصف ارضا

خضراء حمراء التراب كأنها في خد اغيد

شبه خضرة نباتها على حمرة ترابها بخضرة الخط على الخد المورد وقال ابن
جني الغيد انما هو اللين وليس من الحمرة في شيء اقول يمكن ان يصلح ويقال
خضراء حمراء الثرى كالخط في خد مورد

وقال في تشبيب قصيدة يمدح بها ابا القاسم طاهر العلوي

واحب اني لو هويت فراقكم لفارقته والدهر اخبث صاحب

قال الواحدي يريد ان الدهر يخالفه في كل ما اراد حتى لو احب فراقهم

لواصلوه وكان من حقه ان يقول لفارقني لان قول لفارقته

فعل لفسه وهو يشكو الدهر لا فعل لفسه

وقال في القصيد

اذاك ظننت السلك جسمي فعقته عليك بدر عن لقاء الترائب

السلك خيط ينظم فيه الدر يقول ظننت جسمي سلكا لمشابهته اياه في الدقة فنظمت فيه الدر ومنعته عن لقاء الترائب لكون الدر حائلا بينهما قال الواحدي في البيت تقديم وتاخير لان المعنى فعقته بدر عليك قال يمكن ان يصلح ويقال سه بنظم اللآلي عن لقاء الترائب

وقال في هذه القصيد

حملت اليه من لساني قصيدة سقاها الحجى سقي الرياض السحائب

الحجى ما لي العقل وجر السحائب باضافة السقي اليها فصل بين المضاف

والمضاف اليه بالمفعول الذي هو الرياض ضرورة اقول يمكن ان يصلح ويقال

حملت اليه من لساني قصيدة سقاها كيراع الفكر سقي السحائب

وقال في قصيدة يهجو بها اسحق الاعور

يمشي باربعة على اعقابه تحت العلوج ومن وراء يلجم

العلوج بالعين المهملة والجيم الغلاظ الاجسام من الروم والعجم جمع علج بالكسر

يصفه بالابنة قال الواحدي يريد ان يمشي القهقرى حبا للاستذحال

وكان يجب ان يقول باربع لانه يريد الرجلين واليدين لكنه ذهب

الى الاعضاء فذكر اقول يمكن ان يصلح ويقال

يمشي باربعة على اعقابه

وقال في هذه القصيدة

وتراه اصغر ما تراه ناطقا ويكون اكذب ما يكون ويقسم

قال الواحدي

قال الواحدي احقر ماتراه اذا نطق لعيه لا اليكاد يبين والكذب

مايكون اذا حلف والواو الكذب مايكون بقسما فوضع المضارع

موضع الحال وزاد واوا اقول انما قال الواحدي الكذب

مايكون مقسما لان هذا التركيب من قبيل اخطب مايكون الامير

قائما فلا بد ههنا من الحال والمتنبي اقام المضارع مقام الحال ثم

زاد الواو وهو غريب جدا اذ يمكن ان يصلح ويقال

ويكون اكذب من كذب يقسم

وله بيت عجزه غير محفوظ وصدره

سيف الصدود على اعلى مقلده ، المقلد كمحرم العنق لانه موضع القلادة

والمعنى انه يقتل بصدوده فكانه قد تقلد بسيف من الصدود قال الواحدي

تكلف الناس له زيادة مصراع فقال بعضهم

بكف اصيد ذي مطل بموعده

وقال آخر يغري طلي وامقيه في تجرده اقول وقع في خاطري ان انظم له عجزا فقلت بيت اداه مولى موالي علي جودا بيدا

قال في قصيدة يمدح بها ابا العشائر الحسيني

والغنى في يد اللئيم قبيح قدر قبح الكريم في الاملاق

قال الواحدي يقول يقبح المال في يد اللئيم لانه يبخل به عن حقوقه كما يقبح الكريم في الاملاق والعسرة اراد ان يقول كما يقبح الفقر في يد الكريم فقلب للضرورة وللقافية اقول يمكن ان يصلح ويقال

قدر قبح الخصاص في المنفاق

الخصاص بالفتح الفقر والمنفاق كثير النفقة اي الكريم

وقال في قصيدة يمدحه بها

الى خبر الامير فقيل كروا   فقلت نعم ولو لحقوا الشاش

ولى ابو العشائر عن جيش العدو خادعا ثم كر هو وجيشه راجعين فقيل اى قال الناس كروا يقول المتنبى فقلت فى جوابهم نعم كروا الان ھربهم كان خدعة ولو لحق جيش العدو وهم هاربون حقيقة بشاش قال الواحدى وكان حقه ان يقول بالشاش بالالف واللام فحذفهما للضرورة الشعر وهى بلدة باقصى خراسان اقول شاش بلدة مشهورة من بلاد ما وراء النهر تنسب اليها القوس وهى علم بلا لام

اتى المتنبى فى بعض اشعاره بالحسين اسم الممدوح لا بابى العشائر كنية فقال قوم له انما تعرف بكنيتك فقال المتنبى

قالوا الم تكنه فقلت لهم   ذلك عى اذا وصفناه

قال الواحدى الاستفهام اذا دخل على النفى رده الى التقرير كقوله تعا

ابليس في جهنم مثوى للمتكبرين اى ان فيها مثوى فعلى هذا قوله الم ملائة

معناه كينية والقوم لم يريدوا ابدا وانما اراد والنفي الكينية فكان من حقه

ان يقول قالوا ولم تكنه ولا ياتى بحرف الاستفهام قوله وذلك عمى

اى انه يعرف بصفاته لا بكلينية فاذا ذكرنا كينية مع الاستغناء عنه

بخصائص صفاته كان ذلك عيا

قال فى قصيدة يمدح بها سيف الدولة

وفاء كما كالربع اشجاه طاسمه ... بان تسعدا والدمع اشفاه ساجمه

حرف الشعراء بمهم فى حل معنى هذا البيت وما ذلك الا التكلف والتعسف

ولهذا قال الثعالبى فى حق هذا المطلع انه من مطالعه اللتى تكلف فيه اللفظ

المعقد والترتيب المتعسف لغير معنى بديع يفى شرفه وغرابته بالتعب

فى استخراجه وتقوم فائدة الانتفاع به بازاء التاذى بسماعه وللمولف

قصيدة في هذا الروي من الديوان الرابع مطلعها هذا

العذال مني في العشق تمت عزائمه ۔ ونيطت لفرع الغائبات غائمه

وقال في هذه القصيدة

قبائعها تحت المرافق هيبته ۔ والغذ بها في الجفون عزائمه

قال الواحدي القبائع جمع القبيعة وهي حديدة فوق مقبض السيف

وكنى عن السيوف ولم يجر لها ذكر يقول قاموا عنده متكئين على قبائع

سيوفهم هيبة له وتعظيما ثم قال وعزائمه انفذ من نصال السيوف وهي في

الجفون اقول لو حذف ضمير قبائعها اذ ذكر ضمير للملوك المتقدم ذكرهم

وقيل سه ۔ مرافقهم فوق القبائع هيبة

لذهب عيب فقدان المرجع للضمير وصار المعنى واضحا

وقال في هذه القصيدة

فقد مل ضوء الصبح مما تغيره　　و مل سواد الليل مما تزاحمه

قال الواحدي اراد مما تغير فيه فحذف الجار واوصل الفعل يقول لكثرة
غاراتك في وقت الصبح قد مل الصبح منها و مل الليل من مزاحمتك
اياه وهو ان تبلغ كل موضع يبلغه الليل اقول كون الغارة علة
لملال الصبح ليس وجها وجيها لان الملال انما يكون باصابة المضرة اي
مضرة له من الغارة وما ذكره الواحدي من معنى مزاحمة الليل وهو ان
تبلغ كل موضع يبلغه الليل فهو ايضا وجه غير وجيه لانه لا مضرة فيه
لليل حتى يمل والظاهر ان المراد بالصبح والليل الزمان يعني مل
الزمان من كثرة غاراته حيث شغله عن مشاغل اخرى ثم قال
الواحدي وقيل في معنى هذا البيت تحمل الصبح على الغيرة بما يزيد
على بياضه بريق السلاح وتزاحم الليل فتذهب ظلمته بضوء

المحل

اسلحتك اقول لو قيل

فقد مل ضوء الصبح مما تصيره   دجى وسواد الليل مما تزاحمه

لزال عيب الحذف والايصال وحدث لملال الصبح وجه واضح وهو
جعله منطلما بغبار الخيل ولقرينة بتعين معنى مزاحمة الليل من ذهاب
ظلمته لضوء الاسلحة والقرينة لغبار الخيل وضوء الاسلحة البيت
السابق واللاحق

وقال يمدحه ايضا

نحن من ضايق الزمان له   فيك وخانته قربك الايام

يريد ان الزمان يحب الممدوح ويبتغي ان ينفرد به دون الناس
ولا يشارك فيه احد يقول للممدوح نحن الذين ضايقهم الزمان فيك
وخانتهم الايام بالقرب منك قال ابن جني اللام في له زيادة للتاكيد

كقوله تعالى ردف لكم وللرد بالتعبير وقال ابن فورجة نحن من ضايقة الزمان فحذف الراجع الى الموصول والهاء في قوله له راجعة الى الزمان يقول نحن الذين ضايقهم الزمان لنفسه لا لاجله فيك اى تتكون له دونهم والحاق اللام بالمفعول قبيح جدا وذلك من لفظ البغداديين اقول يمكن ان يحترز عن زيادة اللام وعن لفظ البغداديين ويقال

نحن من ضايقته ازمنه ❊

وقال في هذه القصيدة

ليت انا اذا ارتحلت لك الخيل … وانا اذا نزلت الخيام

قال الواحدي اى ليتنا معك نتحمل عنك المشقة في سيرك و دونرولك في سفرك هذا معنى البيت لكنه اساء حيث تمنى ان

يكون

یکون بہیمہ او جمادا اذ لا یحسن بالشاعر ان یمدح غیرہ بما ہو قادح

لنفسہ نعم ولا یحسن ان یقول لیتنی امرتک فاخدمک اقول

من شرائط الاصلاح ان یکون معنی البیت فی محلہ واذا لم یکن کذلک

فلا اصلاح الا تبدیل البیت کان یقال مثلا

لیتنی یوم تلتقیک الاعادی   فی یدیک الکریمتین حسام

وقد عابہ الناس فی قولہ ہذا وقال الخیام فوق سیف الدولہ

فاجاب بقولہ

لقد نسبوا الخیام الی علاء   ابیت قبولہ کل الاباء

وما سلمت فوقک للثریا   ولا سلمت فوقک للسماء

وہذا القول لیس بجواب لان الاعتقاد لا یزیل ما فی البیت من العیب

فی زعم العائبین والا فکون الخیمۃ فوق الممدوح لیس بعیب کسقف البیت

فانه موضوع لحفظ الساكن عن المضرات

وقال في قصيدة يرثي بها والدة سيف الدولة

وهذا اول الناعين طراً   لاول ميتة في ذا الجلال

قال الواحدي يقول هذا الناعي اول الناعين جميعا لاول امرأة
ماتت في هذا الجلال يعني لم تمت امرأة قبلها اجل منها وروى
ابن جني لاول ميتة بالفتح يريد ميتة فخففت وقال ابن فورجة
الميتة كثر استعمالها بمعنى الجيفة كقوله تعالى حرمت عليكم الميتة ولا
يخاطب ابو الطيب سيف الدولة بمثل هذا في امه والرواية بكسر
الميم يريد الحالة التي ماتت عليها وهذا الذي ذكره ابن فورجة
غير ظاهر لانه اراد اول الاموات ولم يرد اول الاحوال اقول
لا شك ان الميتة سواء كانت بفتح الميم او بكسرها غير لائقة بالمقام

للامر وفي البيت ذا على ما جرت عليه عادة المتنبي ويمكن ان يصلح فقال

لاول من تقصّت في الجلال ٭

تقضي فني والكرم

٭ قال في هذه القصيدة

لساحيه على الاجداث حفش   كايدي الخيل ابصرت المخالي

الساحية المطر الشديد القاشر لوجه الارض والاجداث القبور والحفش

بالحاء المهملة والقاف قشر المطر وجه الارض قال صاحب لوامع النجوم حفش

المطر وجه الارض قشره يبالغ في وصف المطر ويريد انه يمطر شديداً

بحيث يقشر وجه الارض كايدي الخيل اذا رات مخالي الشعير فانها

تضطرب في طلبه وتحفر الارض بالقوائم قال الواحدي ليس

من مختار الكلام ولا من المستحسن ان يسأل السقيا لقبر بمطر يحفر الارض

حفر ايدى الخيل اقول يمكن ان يصلح بتبديل التشبيه ويقال

كلدمع الصب فى الدمن البوالى ؞

وقال فى هذه القصيد

رايتك فى الذين ارى ملوكا ‎ ‎ ‎ كانك مستقيم فى محال

فان تفق الانام وانت منهم ‎ ‎ ‎ فان المسك بعض دم الغزال

قال الواحدى يقول ان فضلت وانت من جملتهم فقد يفضل بعض الشيئ جملته كالمسك هو بعض دم الغزال وقد فضله فضلا كثيرا قال ابو الحسن محمد بن احمد المعروف بالناعر المغربى كان سيف الدولة يسر بمن يحفظ شعر المتنبى فانشدته يوما

رايتك فى الذين ارى ملوكا ؞

وكان ابو الطيب حاضرا فقلت هذا البيت والذى يتلوه لم تسبق

اليه فقال سيف الدولة لذا حدثني الثقة ان ابا الفضل محمد بن

الحسين قال لما قلت فاعجب المتنبي واهتز فاردت ان احركه

فقلت الا ان في احدهما عيبا في الصنعة فالتفت المتنبي التفات

حنق فقال ما هو فقلت قولك مستقيم في محال والمحال ليس ضد الاستقامة

بل ضدها الاعوجاج فقال الامير هب القضية جميعها فكيف تعمل في

تغير قافية البيت الثاني فقلت مجلا كردة الطرف

فان البيض بعض دم الدجاج *

فضحك وضرب بيده وقال حسن مع هذه السرعة الا انه يصلح ان

يباع في سوق الطير لا مما يمدح به امثالنا يا ابا الحسن اقول بيت المتنبي

كان يقول كانك بينهم رب الموالي *

وقال يمدحه

وما بين كاذتي المستغير   كما بين كاذتي البائل

قال الواحدي الحاذة لحم الفخذ والمستغير الذي يطلب الغارة يعني الذي كان يطلب الغارة على هؤلاء الخوارج يشتد عدوه فينفتح لشدة العدو كما ينفتح البائل لئلا يصيبه البول ويجوز ان يريد انه يعرق في عدوه حتى يسيل العرق بين رجليه كالبول وذكر في معنى هذا البيت انه اراد ان المنهزم يبول خوفا وهذا لا يصح لان المستغير لا يكون منهزما اقول التي تطلب الغارة على الخوارج ليست الا جيش سيف الدولة فينفتح اصحاب سيف الدولة لشدة العدو وتفتح البائل او سيلان العرق بين افخاذهم في العدو كالبول ليس تشبيها مناسبا بشأنهم فلو كان المراد بالمستغير ضد المغير كالمعير والمستعير لان الغافل عن اعدائه كانه طالب للغارة يصح المعنى لكون الانفتاح حينئذ صفة للمنهزم من جيش العدو

لكن

لكن ارادة هذا المعنى من المستغير محتاجة الى سند من اللغة

وقال في هذه القصيدة

فلقين كل ردينية   ومصبوحة لبن الشائل

قال الواحدى يقول لقيت خيله الرماح وخيلا سقيت لبن النوق

والمصبوحة التى سقيت اللبن صبوحا والشائلة النوق التى قل لبنها و

مرر شاربه ولا تسقى ذلك اللبن الا كرائم خيلهم حذف الهاء من الشائلة

وهو يريدها قول الظاهر ان لا حاجة الى حذف الهاء من الشائل

لانها من صفات الانثى كالحائض والكاعب قال صاحب القاموس ناقة

شائل تشول بذنبها اللقاح ولا لبن لها اصلا

وقال وهو مطلع قصيدة يمدح بها سيف الدولة

لا الحلم جاد به ولا بمثاله   لولا ادكار وداعه وزياله

الزيال المزائلة اى المفارقة يصف شدة ہجر الحبيب ويقول سبب

رؤية الخيال دوام تذكرى للوداع والفراق ولولا ذلك لما جاد الحلم

بمثاله وقوله به زائد لان الحلم يجود بخيال الحبيب لا بشخصه لبعيشه ويمكن

ان يصلح ويقال — ما جاد احلام الكرى بمثاله

مثل فى ہذہ القصيدة

انى لابغض طيف من احببته — اذ كان يهجرنا زمان وصاله

قال الواحدى كان من حقه ان يقول اذ كان يوصلنا زمان

الهجران لان ہجر الطيف زمان الوصال لا يوجب بغضاله اذ لا

حاجة به الى الطيف زمان الوصال ولكنه قلب الكلام على معنى ان

ہجرانه زمان الوصال يوجب وصاله زمان الهجران اقول يمكن ان

يصلح ويقال — اذ كان يلقانا زمان زياله

وقال

وقال فی تعقید حقیل بہا ابن عمہ رباد ال

فصبحتہم رعالها شزبا بین ثبات الی عبادید

الرعال کجبال جمع رعلہ بالفتح وہی قطعۃ من الخیل المقدمۃ والضمیر فیہا راجع الی الخیل ولم یسبق ذکرہا والشزب بفتحتین جمع شازب وہو الضامر والثبات جمع ثبۃ وہی الجماعات فی تفرقۃ ولذا العبادید یقول اتیتہم رعال خیلک صباحا وہی جماعات متفرقۃ اقول یمکن ان یحذف الضمیر الذی لم یسبق مرجعہ ویقال ؎

فصبحتہم سوابح شزب

السوابح الخیول

وقال یذکر سیف الدولہ وقد حجل ذکرہ

انا بالوشاۃ اذا ذکرتک اشبہ تاتی الندی ویذاع منک فتکرہ

يقول تكره ان يذكر ما فعلته من الجود ويشاع ذلك في الناس فاذا ذكرتك بالجود كنت شبيها بالوشاة وهم الذين يشيعون من الناس ما يكرهونه

و٢٠ اذا رايتك دون عرض عارض ايقنت ان الله يبغي نصركا

يقول اذا رايتك تدفع عن عرض وتحمي دونه علمت يقينا ان الله يريد نصرك فذلك الذي تحميه وانما عنى ابو الطيب بهذا نفسه لما اجمل سيف الدولة ذكره واعترض الناقدون على هذه القافية وقالوا الراء في نصره ونصره روي والهاء وصل ويجوز الجمع بين الهاء الاصلية وهاء الضمير في القافية ولا راء في الشبه فكيف جعلها قافية معهما واشبع ضمة هاها بالواو واقول يمكن ان يصحح بان يقطع النظر عن تصريح البيت ويجعل البيتان مقطوعا ويكون الشبه لكن فيه ارتكاب الضرورة

يجعل

بجعل غير المنصرف منصرفا والاولى ان يقال

انا بالوشاة اذا ذكرتك مشبه

وضربت خيمة لسيف الدولة وهبت الريح شديدة فسقطت الخيمة

وتكلم الناس فيها فقال

ايقدح في الخيمة العذّل   وتشمل من دهرها يشمل

شمل الشئ احاط به يقول هولاء الذين يقدحون في سقوط الخيمة الا يعلمون

عذرها في التقوض انها شملت من يشمل الدهر ومن كان بهذا المحل

لا يعلوه شئ ولا يحيط به شئ قال الواحدى اضافة الدهر الى الخيمة

غير مستحسنة ولو قال من دهره يشمل لكان احسن

وقال في هذه القصيدة

اتنكر عبادك ما املت   انالك ربك ما تامل

يعني اعطيت عبيدك اى الناس لان الانسان عبيد الاحسان

مارجوه فاعطاك الله ماترجوه قال الواحدى لو قال عبيدك

كان احسن لان الاكثر فى الاستعمال ان العباد انما تطلق فى

عباد الله فاما المضاف الى الناس فقلما يقال فيه العباد

وقال يمدحه

مخلى له المرج منصوبا بصارخة ... له المنابر مشهودا بها الجمع

المرج موضع وصارخة مدينة بالروم قال الواحدى نصب مخلى و

منصوبا على الحال من سيف الدوله ونصب مشهودا على الحال من صارخة

وكان الوجه ان يقول منصوبة ومشهودة الا ان التذكير جاز على قولك

نصب المنابر وشهد الجمع والمعنى انه بلغ النهاية فى النكاية فى الكفر حتى

خلى له المرج ونصب المنابر التى هى شعار الاسلام بصارخة اقول

يمكن ان يصلح ويقال

خلا له المرج واهتزت بصارخة   له المنابر واخترت بها الجمع

قال وهو مطلع قصيدة يمدح بها الفضل

عواذل ذات الخال فيّ حواسد   وان ضجيع الخود مني لماجد

اقول فيه نظرات الاول ان جد الحبيبة على ضجيع ماجد ينبغي ان يكون

لاترابها لفقدهن ضجيعا مثله في المجد لا لعواذلها لان العواذل لا

يوصفن بالحسن وحب العاشقين اياهن حتى ينسب الحسد على الضجيع اليهن

انما يوصفن بالعذل للحبائب والمحبين الثاني انه وصف الحبيبة

بذات الخال ولا دخل لهذه الصفة في معنى البيت بل يكفي ههنا ذكر

الحبيبة مطلقا الثالث ان المصراع الثاني بجملته للحسد فلو كانت فيه

لام التعليل لكان المعنى اوضح ولام التعليل تقتضي ان المفتوحة والمتنبي

اتى بان المكسورة ليأتي بلام التأكيد على خبرها لاقامة الوزن الرابع
ان الاتيان بضجيع الخود ولا تفسيره بمن البيانية ثانيا ايضا لتكميل الوزن
الخامس ان وضع المظهر اى الخود موضع المضمر اى ضجيعها للضرورة ويمكن
ان يصح ويقال

غوان لقين العاشقين حواسد   لانى ضجيع للحبيبة ماجد

وقال فى نهره القصيد

يرد يدا عن ثوبها وهو قادر   ويعصى الهوى فى طيفها وهو راقد

يصف نزاهته نفسه عن مغازلة النساء ويقول اذا قدر عليها رد اليد عن
ثوبها يعنى ازارها واذا حلم بها لم يطع الهوى فيها بامره اى لا يمد يده
الى ازارها مع القدرة قال ابن جنى ولو امكنه فى موضع قادر يقظان
لكان حسنا قال الواحدى قال ابو الفضل العروضى فيما املاه على هذا

فقد غير جيد وذلك انه لو قال يقظان او ساهر لم يزد على معنى واحد وهو
الكف فى حالتى النوم واليقظة واذا قال وهو قادر زاد فى المعنى لانه
تركها ظلف نفس وحفظ مروة لا عن عجز وريبة ولو ان رجلا ترك
المحارم عن غير قدرة لم ياثم ولم يوجر فاذا تركها مع القدرة صار ماجورا
اقول الحق ما قال ابن جنى لان كف النفس عن الفعل عبارة عن
امتناع القادر على الفعل عنه اما امتناع العاجز عن الفعل فهو لا يسمى كفا
بل يسمى عجزا وعلم من هذا ان القدرة داخلة فى ماهية الكف فلا حاجة
الى قوله قادر وقد اراد ابو الطيب من المصراع الاول الكف فى حالة اليقظة
ومن المصراع الثانى الكف فى حالة النوم فحق البيان ان يوتى بقيد
اليقظة فى المصراع الاول لا ان يقيد الرقود فى المصراع الثانى
حتى يندفع القصور عن البيان ويتحقق الطباق بين اليقظة والنوم صراحة

وقال في هذه القصيدة

اذا كنت تخشى العار في كل خلوة فلم تتصباك الحسان الخرائد

قال الواحدي ينكر على نفسه صبوته الى الحسان اذا كان يخشى على نفسه
العار في الخلوة بهن يقول اذا كنت عزوفا عنهن في الخلوة بهن فلم تميل
اليهن بقلبك وهواك اقول تغير المصراع الثاني ليس مطابقا لما اراده
المتنبي بل المعنى اذا كنت تنفر عن الخرائد فهن ايضا ينفرن منك
ولا يصبينك لانهن اغير منك لما فيهن من الحياء والدلال ثم قال
الواحدي استعمل تصبى بمعنى اصبى وهو بعيد اقول قال صاحب القاموس
اصبته المرأة وتصبته شاقته ودعته الى الصبا ومن ههنا ظهر ان تصبى
بمعنى اصبى صحيح لا بعد فيه

وقال يعزيه بعبده

لا يحزن الله الامير فانني   لآخذ من حالاته بنصيب

لا يحزن صيغة النهي ساكنة النون كسرت لالتقاء الساكنين والجملة دعائية

اى لا احزنه الله وغلط الصاحب ابن عباد فى هذا البيت فظن انه

قال لا يحزن الله الامير برفع النون على الجملة الخبرية فقال لا ادرى لم

لا يحزن الله الامير اذا اخذ ابو الطيب بنصيب من القلق و قول هذا

البحر طويل وجزءه الاول اثلم اى فعلن موضع فعولن والثلم يخرج الوزن

عن المطبوعية ولو قيل ~ الا لا اشجى الله الامير فانني ؛

يبقى الوزن على مطبوعية

وقال فى تشبيب قصيدة يمدحه بها

دفناته العينين قبا ترى الهوى   اذا الفحت شيخا دوائحها شبابا

قال الواحدى النفح تضوع رائحة الطيب يقال نفح الطيب ونفحت

رائحة الطيب وانما عدى اللفظ على المعنى لا على اللفظ كانه قال اذا اصابت شيخا رو ائحها شب اقول يمكن ان يصلح ويقال

اذا اشتم شيخ من روائحها شبّا

وقال في هذه القصيدة

فيا شوق ما ابقى ويا لي من النوى ويا دمع ما اجرى ويا قلب ما اصبى

قال الواحدي يقول يا شوق ما ابقاك فلست تنفد ويا لي من النوى استغاثة من الفراق كانه يقول يا من لي يمنع عني ظلم الفراق ويا دمع ما اجراك ويا قلب ما اصباك حذف الكاف المنصوبة للمخاطبة التي قبلها للنداء اقول يمكن ان تذكر الكافات سوى الاخيرة لكون القافية مانعة عنها ويقال

فيا شوق ما ابقاك يا لي من النوى ويا دمع ما اجراك يا قلب ما اصبى

وقال

وقال فی ہذہ القصیدۃ

اذا الدولۃ استکفت بہ فی ملمۃ　　کفاھا فکان السیف والکف والقلبا

قال الواحدی انما ذکر ہذہ الاشیاء لان الضرب یحصل باجتماعہا

یقول اذا استعانت الدولۃ بہ فی مہم کان ضاربا دونہا بنفسہ

یرید بہذا التفضیل علی سیف الحدید فانہ لایعمل اذا لم تحملہ کف ولم تمضہ

قوۃ القلب ولایعمل بنفسہ وحدہ کما یعمل سیف الدولۃ وقطعا

یقول استکفتہ لکن زاد الباء واراد معنی الاستعانۃ اقول

یمکن ان یصلح ویقال ؎ اذا الدولۃ استکفتہ یوم ملمۃ

وقال فی ہذہ القصیدۃ

وانک رعت الدھر فیہا وریبہ　　فان شک فلیحدث بساحتہا خطبا

یقول انک افزعت الدہر وصرفہ فی الارض فان شک الدہر

فيما اقول فليحدث حادثة بساحة الارض يعني ان الدهر لا يقدر
على احداث حادثة فيها هيبته تلك واهلها آمنون تلك من
تصاريفه وضمير فيها عائد الى الارض وهي غير مذكورة قبل اقول
المعنى يتم بالدهر فقط ولا حاجة الى ريبه ويمكن ان يصلح ويقال

وانك دعت الدهر في الارض هيبة

وقال في قصيدة يمدحه بها وقد اهدى سيف الدولة هدية فيها ثياب رومية

وما ادخرتها قدرة في مصور سوى انها ما انطقت حيوانها قدرة

قال الواحدي الادخار لا يتعدى الى مفعولين لكن اضمر فعلا في
معناه يتعدى اليهما كانه قال وما حرمتها قدرة يقول لم تدخر هذه
الصناع عن الصور قدرة الا استعملتها غير انها لم تقدر على انطاق
ما صورت من الحيوان انتهى كلامه الحرمان يتعدى الى مفعولين

يقال حرمه الشيء لضرب وعلم منعه عنه والصناع كسحاب المرأة الحاذقة
بالعمل

قال وهو مطلع قصيدة يعاتب فيها سيف الدولة

واحرّ قلباه ممن قلبه شبمٌ   ومن بجسمي وحالي عنده سقمُ

يقول قلبي حار من حبه وقلبه بارد من حبي وانا عنده مختل الحال
معتل الجسم اي اعتقاده فاسد فيّ قال ابن جني في اعراب قلباه
قبيح لان هذه الهاء لا تثبت في الوصل اقول يمكن ان يصلح و
يقال ــ   واحر قلبي ممن قلبه شبمُ ۞

وقال في هذه القصيدة

اعيذها نظراتٍ منك صادقةً   ان تحسب الشحم فيمن شحمه ورم

الهاء في اعيذها عائدة الى النظرات المتاخرة عنها اجازه الاخفش

وذهب غيره من النحاة في مثل هذا الى انه ضمير مبهم يفسره الظاهر فنظرات
تفسير للمبهم والمعنى اعيذ نظراتك الصادقة من ان تغلط وتحسب الورم
شحما يقول لا تحسب المتشاعر شاعرا اقول يمكن ان يصلح ويقال

تنزهت نظرات منك صادقة ؛

لا يخفى ان المقام مقام التنزه لا الاعاذة لان النظرات الصادقة
مستغنية من اعاذتها عن الغلط بل هي متنزهة عنه

وقال في هذه القصيدة

وبيننا لو رعيتم ذاك معرفة ... ان المعارف في اهل النهى ذمم

يقول بيننا معرفة لو رعيتم تلك المعرفة اي ان لم يجمعنا الحب فقد
جمعتنا المعرفة واهل العقل يراعون حق المعرفة والمعارف عندهم
حقوق وذمم اقول ذاك اشارة الى معرفة قصد المتنبي تذكيرها

على نية المصدر ويمكن ان يحترز عن التذكير ويقال

ﮯ وبيننا لو رعيتم تلك معرفة ❊

وتشكى سيف الدولة من دمل فقال فيه قصيدة منها

وما بك غير حبك ان تراها وعثيرها لا رجلها جليبُ

الهاء فى تراها للخيل ولم يتقدم ذكرها والعثير الغبار والجليب الظل يقول

ليس بك مرض الا انك تحب ان تاتى العدو فى خيل تثير الغبار وهى

تمشى فى ظل ذلك الغبار فاذا احببت ذلك ثم منعت عنه بالدمل

الذى تشتكيه فتضجر اقول يمكن ان يسقط الضمير الذى لم يسبق مرجعه

ويقال ﮯ وما بك غير ان تهوى خيولا ❊

ومنها

اذا داء هفا بقراط فيه فلم يعرف لصاحبه ضريبُ

المراد بالدار حب الحرب المفهوم من الابيات السابقة والهفوة الزلة
والضرب الشبيه وجواب اذا فلم يعرف يقول الدار الذي نزل فيه
بقراه لانه ليس في طبعه لا يعرف لصاحبه شبيه لانه لا يعهد ان احدا يحرض
لترك الحرب قال الواحدي استعمل لم في موضع ليس لانهما للنفي
اقول يمكن ان يصلح ويقال ــ فليس يُرى لصاحبه ضريبٌ

ووصل رسول الروم الى سيف الدولة فقال فيه قصيدة منها

واكبر منه همة بعثت به　　اليك العدى واستنظرته الجحافل

اكبر اي استكبر كما في قوله تعالى فلما رأينه اكبرنه وفاعله العدى و
مفعوله همة وجملة بعثت به اليك نعت همة واستنظرته استمهلته كأنه
لمهابة سيف الدولة كان لا يقبل الرسالة احد من الروم وقبلها
هذا الرسول فنصفه ويقول استعظمت اعداءك الروم من هذا الرسول

هيته بعثته اليك فاتاك مجتريا دواجهك مع مهابتك واستمهلت

العساكر بهذا الرسول يعنى طلبوا منه ان يسالك المهلة والتاخير عن الحرب

قال الواحدى والفصيح ان يقال بعثته وحكى ابو على الفسوى ان

بعثت به لغة اقول التعقيد فى البيت اثقل على المسامع من اللغة

الردية ويمكن ان يصلح ويقال

اتاك رسول الروم مجترئا فاكبرته العدى واستنظرته الجحافل

قال يمدحه بقصيدة منها

وصحبة قوم يذبحون قنيصهم بفضلات ما قد كسروا فى المفارق

قوله صحبة مفعول تذكرت المذكورة فى البيت السابق اى تذكرت صحبة

قوم صعاليك يذبحون صيودهم بما بقى من سيوفهم التى كسروها فى الرؤس

وهذا اشارة الى شجاعتهم وممارستهم الحروب اقول الجمع فضلات

بالتحريك سكن العين للضرورة ويمكن ان يصلح ويقال

بفاضل ما قد كسروا في المفارق

ومنها

بلاد اذا زار الحسان بغيرها حصى تربها ثقبنه للمخانق

اي اذا حمل حصى هذه البلاد الى النساء الحسان بارض غيرها ثقبنه

لقلائدهن لحسنه ونفاسته وحصى فاعل زار اقول عبارة البيت

صحيحة وحقها ان يقال

بلاد اذا نالت خرائد غيرها حصى تربها ثقبنها للمخانق

الحصى جمع حصاة قال الجوهري في تفسير السان كل جمع ليس بينه وبين واحده

الا الهاء فانه يؤنث ويذكر ولهذا ذكر المتنبي ضمير حصى في ثقبنه ويمكن

تذكير ضمير ثقبنه في الاصلاح ايضا بان يجعل فاعل نالت خرائد ومفعوله

مصى والاول سطابق بالاصل حيث مصى فيه فاعل رار

ومنها

انا هم بها حشو العجاجة والقنا سنابكها تحشو بطون الحمالق

الهاء فى بها للخيل ولم يتقدم ذكرها لقول انا هم بالخيل وقد احاطت

بها العجاجة والرماح فهى حشوها تين و حوافرها تحشو العيوب بما تثير من

الغبار اقول يمكن ان يحترز عن عدم سبق المرجع للضمير ويقال

٥ انا هم بخيل حشو سمر وعثير

وفى هذا المقام احببت ان اذكر قصيدتى فى هذا الروى من الديوان

السادس لان الشيئ بالشيئ يذكر وهى هذه

على م ترى اسماء روض الشقائق لعائن فى المراة خير الحدائق

احبت بنائيل السنبل لفنها فنلك من العشاق بين العشائق

أغارت على قلبي وروحي غزالةٌ　　مكانسها بين الجبال الشواهق

تخطئني فيما أصيب لعنتنا　　وتقصد أتلاف الحقوق السوابق

وحاجب سلمى بانضمام فؤادها　　يصيد حمام القلب قوس البنادق

أخذت الهوى والقوم مالوا إلى التقى　　رغائب كل الناس حب السلائق

تؤرق دمعي إذ رأيت بعالج　　ربوعا أصابتها عيون البوائق

عفاها زمان جائر غير راحم　　وصور في الأبصار تقلب الحقائق

تخاف زجاجات السموات حجرها　　رمتها من الأطلال أيدي الحرائق

أنا فيها تخلى عيون محبها　　لما أصبحت بيضا بماء البوارق

أسائلها لكنها لا تجيبني　　لما ثقلت آذانها بالصواعق

ألا عبد لم أراد بقسم فاسمعوا　　حد بثار رقيقا مبليا للخلائق

بحق الذي صان السمندل في اللظى　　واحرقني في نار حب العواتق

ولو

ونور نضير في الحدائق باسم　　　وورقاء تبكي في غصون الورائق

وعيش لييلات تقضين في منى　　　وفرصة ايام مضت بالابارق

وطود هوى في قلب من هو عاشق　　　وخردل حب في فؤاد المراهق

وكحل ترقى في عيون كحيلة　　　وفرع تدلى فوق خد العرائق

وقلب خفوق في توقد جمرة　　　ودمع سخين في احمرار العقائق

وطول ليالي العاشقين وعرضها　　　ورعي الدرادي بالعيون الاوارق

وخضرة اغصان الرياض وظلها　　　ومن الغوادي ثم شكو البوارق

وذل فقير في الجلامد راقد　　　وجاه امير جالس في النمارق

وطفل يتيم ادرك العيد عاريا　　　وطفل سعيد ناله في اليلامق

لاعلقن اسماء ظالمة النقا　　　وان تركتني في اشد المضائق

الحواشي السجنجل بالفتح المرآة العشائق جمع عشيقة قال صاحب لوامع النجوم

فلان عشق فلانة فهي عشيقة قوس البنادق فارسيتها كمان مهره الشوائق
جمع شائقة وهي المعشوقة لانها توقع العشاق في الشوق البوائق الدواهي
الخرائق الرياح الباردة الشديدة الهبوب العواتق الجواري الشابات
الوراثق الاشجار الكثيرة الاوراق الرامق من لم يبق في قلبه الا رمق
من المحبة تذكى تنزل الغرانق بضم الغين المعجمة الشاب الابيض الجميل
السمين الحار رعى الدراري اي النجوم النظر فيها الاوارق جمع آرقة
من الارق وهو السهر بالليل الربوض بالضاد المعجمة كصبور الشجرة
الواسعة العظيمة المن بالفتح المنة العوادي جمع غادية وهي السحابة البراوق
جمع بروقة وهي شجيرة ضعيفة اذا غامت السماء اخضرت ومنه المثل
اشكر من بروقة الجلامد الصخور النمارق الوسائد اليلامق باليائي
التحتانية جمع يلمق وهو القباء اعتلقه احبه

وقال

وقال فى قصيدة يمدحها

فاقبلها المروج مسومات ضوامر لا هزال ولا شيار

الهاء للخيل ولم يسبق ذكرها ومعنى اقبلها جعل وجوهها الى المروج وهى
موضع ومسومات معلمات بالعلامات والهزال جمع هزيل والشيار
جمع شير اى سمان حسان والمعنى ان ضمرها ليس عن هزال انما هو
عن تضمير ولا هى حسان المناظر لانها قد شعثت واغبرت بمواصلة
السير وقوله لا هزال ولا شيار فى الاعراب كقول الشاعر

لا ام لى ان كان ذاك ولا اب

اقول يمكن ان يحترز عن ضمير لم يتقدم مرجعه ويقال

اتى ارض المروج لسابحات

وقال فى قصيدة يمدحها

فالقنا صدورها والعوالي ❊ لتحوضن دونه الا هوالا
ولتمضن حيث لا يجد الرمح ❊ مدارا ولا الحصان مجالا

يقول عاهدت سيف الدولة صدور خيله وعوالي رماحه ان تخوض الاهوال والحروب دونه وتمض حيث لا يقدر الرمح والحصان فيه ان يفعلا فعلهما التمض صيغة الغائبة حذفت منها اليا ضرورة ولهذا قال الواحدي كان الوجه لتمضين اقول يمكن ان يصح ويقال

ولتمرن حيث لا يجد الرمح ❊

وقال في هذه القصيدة

البصر والطعن في القلوب

البصر والطعن في القلوب دراكا ❊ قبل ان يبصر الرماح خيالا

قال الواحدي فيه تقديم وتاخير لان المعنى البصر والطعن في القلوب

خيالا

غيالاً قبل ان يبصروا الرماح لشدة خوفهم اقول يمكن ان يصبح ويقال

قبل ان يبصروا الرماح عيانا البصروا الطعن في القلوب خيالا

وقال فيها

ينفض الروع ايديا ليس تدري اسيوفا حملن ام اغلالا

ووجوها اخافها منك وجه تركت حسنها له والجمالا

قوله ووجوها عطف على قوله ايديا من حيث اللفظ لا من حيث المعنى

لانه ليس يريد ينفض وجوها وهي مفعول لفعل مقدر بالقرينة وهو نظير

هذا لقول الشاعر

ورأيت زوجك في الوغى متقلدا سيفا ورمحًا

يخاطب سيف الدولة ويقول بغير الروع اي ردعك وجوها اخافها منك

وجه اي وجهك الذي تركت تلك الوجوه حسنها وجمالها له اي الحسن لوجهك

لا یوجوہم ان اقول یمکن ان یحترز عن تقدیر الفعل ویقال

کم وجوہ اخا فہا منک وجہ

وقال فی قصیدۃ یمدحہا

متلاحظین نسح ماء جفوننا حذرا من الرقباء فی الاکمام

ای ہی تنظر الیّ وانا انظر الیہا وکلانا نبکی ونستر البکاء وقدم الحال علی

العامل فیہا وہو قولہ نسح اقول اصل المعنی ستر البکاء من الرقباء وہو

یحصل بدون متلاحظین فیمکن ان یحترز عن تقدیم الحال علی العامل

ویقال یوم الوداع نسح ماء جفوننا

وقال فیہا

لو کن یوم جرین کن کصبرنا عند الرحیل لکن غیر سجام

یقول لو کانت الدموع یوم جرت کصبرنا فی القلۃ لکانت قلیلۃ ولم تکن

سجاما

سجاما عزيزة وكن الثانية زائدة كقول الفرزدق

جياد بنى ابى بكر تسامى   على كان المسوّمة العراب

واقول يمكن ان يحترز من زيادة كن ويقال

لوكن فى يوم جرين نصبرنا

وقال فيها

عيب عليك ترى لسيف فى الوغى   ما يصنع الصمصام بالصمصام

اراد ان ترى فحذف ان والباء فى لسيف بمعنى مع كما يقال كب

الامير لسلامة اراد انت سيف فلا حاجة بك الى السيف ويمكن ان

يحترز من حذف ان ويقال

عيب ثنا ولك المهنّد فى الوغى

وقال فى قصيدة مدحه

خاض الحمام بهن حتى ما دری ۰ أمن احتقار ذاک ام نسیان

ای خاض سیف الدولة الموت بالسیوف حتی ما علم ان ذلک الخوض من احتقار للموت ام نسیان له وغفلة عنه قال الواحدی دری لغة طی

اقول یمکن ان یحترز من اللغة الغریبة ویقال

خاض الحمام بهن حتی لم یلح ۰

وقال یرثی اخت سیف الدولة بقصیدة منها ۰

تعثرت به فی الافواه السنها ۰ والبرد فی الطرق والاقلام فی الکتب

الهاء فی به عائدة الی الخبر المتقدم ذکره ای لم تقدر الالسن فی الافواه بسبب هول ذلک الخبر ان تنطق به ولا البرید فی الطریق ان یحمله ولا الاقلام ان تکتبه ولم یلحق الیا فی به بالهاء واکتفی بالکسرة ضرورة اقول یمکن ان یصلح ویقال

ـه به تعثر في الافواه السنها ٭

تعثر صيغة المضارع حذفت منها التاء الاولى

قال وهو مطلع قصيدة يمدح بها كافورا

كفى بك داء ان ترى الموت شافيا   وحسب المنايا ان يكن امانيا

لما فارق ابو الطيب سيف الدولة قصد كافورا الاخشيدي صاحب مصر وانشده هذه القصيدة ولقد عابوا عليه استفتاحه بهذا المطلع في مدح ملك يريد ان يلقاه بها اول لقية قال الثعالبي وفي ذكر الموت والمنايا من الطيرة التي تنفر منها السوقة فضلا عن الملوك وللمؤلف في هذا الروي خمس قصائد في الديوان الاول والرابع والخامس والسادس والسابع اذكر منها مطلعين احدهما من الديوان السادس وهو

ألعن بني سلمى وما انا جانيا   فكيف تكون الحال ان كنت عاصيا

والآخر من الديوان السابع وهو

اداكن يا اطلال سلمى بواليا　　　التعرفن مشتاقا اتاكن باكيا

واذكر من قصيدة الديوان الرابع ابياتا مشتملة على التفريع الذى هو نوع

من محسنات الكلام وهى

الا ما حمام كان فى روضة النقا　　　يطير بانواع السرور مباهيا

يغنى على الطرفاء فى نشوة الهوى　　　ويفحم بالاعجاز ورقا شواديا

يعاين احيانا ورود النضيرة　　　ويلحظ اوقاتا عيونا جواريا

يدور على بان وضال واثلة　　　ويستاف ريحانا ورندا وجاديا

اذا اصطاده فى مصيد متقنص　　　فعاد عليه اليوم فى الفور داجيا

يبيت على علاته متالما　　　ويذكر اوراده فيصبح باكيا

يحن الى عش رفيع مرتب　　　على بانة خضراء لا كان باليا

باوجع مني يوم ودعت مسلمي　　والبصرات من جور الزمان بنائيا

اقمت بدار الظالمين معذبا　　وعشت على حال تكل ردائيا

وقال في هذه القصيدة

حببتك قلبي قبل حبك من نأى　　وقد كان غدارا فكن لي وافيا

يخاطب قلبه ويقول له احببتك قبل ان احببت الذي بعد عني

يعني سيف الدولة وقد كان غدارا فلا تغدر انت بي بان تكون

مشتاقا اليه فانك ان احببت الذي الغدار لم تكن وافيا لي قال

الواحدي حببت لغة في احببت شاذ لا يستعمل فيه الا المحبوب اقول

يمكن ان يصلح ويقال　　ودتك قلبي قبل ودك من نأى

وقال في قصيدة يمدحه بها

بياعد ذنبها يجتمعن وصله　　فكيف يحب يجتمعن وصل له

يباعدن معناه يُبعِدن والضمير فيها للايام المذكورة في البيت السابق
والحب بالكسر المحبوب وانما جعل الايام مجتمعة مع الوصل والصد لانها ظرف
لهما فكانها اجتمعت معها يقول تبعد الايام منا الحب الموصل لنا فكيف
يقرب من الحبيب المقاطع عنا قال الواحدي وصله وصده معطوفان على
الضمير في يجتمعن من غير ان اتى بتوكيد وهو جائز في الضرورة اقول
يمكن ان يصلح ويقال

والبعد حباكن هن ووصله • فكيف بحب يجتمعن هن وصده

قال وهو مطلع قصيدة يمدحه بها

اغالب فيك الشوق والشوق اغلب • واعجب من ذا الهجر والوصل اعجب

يقول بيني وبين الشوق مغالبة لاجلك والغلبة للشوق لانه يغلب
صبري واعجب من الهجر اطوله والوصل لو وافقنا كان اعجب منه

لان عادة الايام التفريق اى المتنبى بكلمة ذا على جارى عادته ويمكن

ان يصلح ويقال ـــ وما اعجب الهجران والوصل اعجبُ

وقال فى قصيدة يمدحه بها ويذكر فيها قتل شبيب

فنال حياة يشتهيها عدوه — وموتا يُشتَهى الموت كل جبان

يقول نال الطيب حياة يشتهى عدوه مثل تلك الحياة يعنى عاش فى عز ما ثم مات

موتا يشتهى ذلك الموت اى الجبان لانه مات موتا فى عافية من غير

تقدم الم ولا مرض قال الواحدى التشهيه لا تتعدى الى مفعولين

الا بحرف جر وقد حذفه وهو يريده كانه قال يشتهى الموت الى

كل جبان اقول يمكن ان يصلح ويقال

ـــ وموتا غدا مطلوب كل جبان

وقال فى قصيدة يصف فيها الحمى التى عرضته

اذا ما فادقتنى غسلتنى . كانا عاكفان على حرام

قال الواحدى يريد انه لعرق عند فراقها فكانها تغسله لعكوفهما على

مايوجب الغسل وانما خص الحرام لحاجته الى القافية والا فالاجتماع

على الحلال كالاجتماع على الحرام فى وجوب الغسل اقول انما قال

على الحرام لانه فرض ان اجتماعه بهذه الزائره بلا نكاح فهو بيان

للواقع لا قيد الاحتراز عن الحلال

وقال فى قصيدة يمدح ابا شجاع فاتكا

يبادى صداى الارض من فضلاتها شربوا . محض اللقاح وصافى اللون سلسال

الضمير فى شربوا عائد الى الضيفات المذكورة فى البيت السابق والصدى

العطش والمحض الخالص من اللبن واللقاح جمع اللقحة وهى الناقة الحلوب

والمراد بصافى اللون الخمر يقول يسقى الضيفان اللبن والخمر فتكثر لهم منهما

حتی یُروی صدی الارض ما فضل عنهم من سؤرہم فی الاقداح قال

الواحدی والوجہ ان یقول فضلات بفتح الضاد ویجوز تسکینہ فی

الشعر للضرورۃ اقول یمکن ان یصلح ویقال

یُروی عُطاش الثری من سور ما شربوا

العطاش کغراب دار لا یروی صاحبہ

وقال فی قصیدۃ یمدح بہا عضد الدولۃ

یشتاق من یدہ الی سَبَلٍ شوقا الیہ ینبت الاسلُ

السبل المطر اراد بہ العطاء یقول الناس یشتاقون الی عطاء یدہ

والرماح تنبت شوقا الی ان تباشر یدہ ویستعملہا فی الحرب قال

الواحدی تقدیر اللفظ ینبت الاسل شوقا الیہ ولکنہ قدم وآخر

والبیت ممتنع النظم اقول یمکن ان یصلح ویقال

ع ينو ليبارك كعنه الاسل *

وقال فى هذه القصيدة

لا يستحى احد يقال له — نضلوك ال بويه او فضلوا

قال الواحدى يقال استحى يستحى بمعنى استحيى يستحيى و نضلوك غلبوك فى النضال يقال ناضل الرجلان فضل احدهما صاحبه فى المراماة والواو لعلامة الجمع فى نضلوك والفعل مقدم على الفاعل على لغة من يقول اكلونى البراغيث يقول من كان مغلوبا بال بويه لم يستحى من ذلك لانهم يغلبون كل احد لا قول يمكن ان يصلح ويقال

ع نضلتك آل بويه او فضلوا *

وقال فى قصيدة يمدحه بها

عدواعدها فحبذا تلف — الصق ثديى بثديها الناهد

النادر *

الناهد المشرف یخاطب الخیال المتقدم فی البیت السابق ویقول عد یا
خیال واعد الغشیة التی هی سبب تقربک ولو کان تلک الحال تلفا
لانه حینئذ اتلف الصق ثدیی بثدیها المشرف ای یکون وسیلة الی
معانقتها قال الواحدی وکان من حقه ان یقول للغشیة عودی
واعیدی الخیال لان الغشیة کانت سبب زیارة الخیال لان
الخیال سبب لحاق الغشیة ولکنه قلب الکلام فی غیر موضع القلب
اقول یمکن ان یصلح ویقال شعر عد مع هاتیک فحبذا تلف

وقال فی هذه القصیدة

فلا یبل قاتل اعادیه   اقائما نال ذاک ام قاعدا

یقول لا یبال من قتل عدوه یقتله قائما بنفسه او قاعدا کافیا بغیره
لان الغرض قتل العدو بای حال کانت لا یبل اصلها لا یبال

صيغة النهي للغائب سمحها للضرورة ويمكن ان يصلح ويقال

س لا يكترث قاتل لاعدائه *

قال وهو مطلع قصيدة يمدحه بها

ما اجدر الايام والليالي   بان تقول ماله ومالي

قال الواحدي يقول الايام جديرة بان تتظلم وتقول ما للمتنبي ومالي

لاني كلفتنا من همتي ماليس في وسعها وكان من حقه ان يقول ومالنا

لانه ذكر الايام والليالي وهما جمعان لكنه ذهب بالجمعين الى الدهر

كانه قال ما اجدر الدهر اقول يمكن ان يصلح ويقال

س ما اجدر الدهر لما اعالي *

المعالاة طلب العلو وذكرها في البيت ضروري لان المتنبي اراد لكونها

علة لقول الايام والليالي ولا بد في بيته ان تفهم العلة من الخارج

كما فعل الواحدى حيث قال لانى كلفتها من سمتى ماليس فى وسعها

وفى الاصلاح ذكرت العلة فى نفس البيت

وقال فى قصيدة يمدحه ويودعه

وما انا غير سهم فى هواء   يعود ولم يجد فيه امتساكا

يقول انا فى الخروج من عندك وقلة اللبث فى اهلى كالسهم يرمى

فى الهواء فيذهب وينقلب سريعا قال ابن جنى لم يكتف فى سرعة الاوبة

وتقليل اللبث بهذا فى المبالغة قال الواحدى والبيت مدخول

لم يعرف ابن جنى وجه فساده وهو ان كل سهم رمى فهو فى هواء

ولا يعود الا ما عولى به ولم يذكر فى البيت ما يدل على انه اراد

الهواء العالى الاول يمكن ان يصلح ويقال

ع   وما انا غير سهم فى صعود

يقال لذلك السهم العقيقة هذا آخر ما اردناه من تحبير البيان ونهاية
ما وعدناه من تثقيف اللسان اللهم اسالك ان تصوننا من الغواش
وتحفظنا من الهفوات وصل وسلم على النبي الابطحي المنتهي الى
العتبة الربانية وعلى آله وصحبه القائمين بتكميل الاحكام الايمانية
ما امتلأ البدر التم من الانوار وانتهى الليل التمام الى النهار ٥